千葉
ぶらり歴史探訪ルートガイド

千葉歴史散策の会 著

メイツ出版

目次

contents

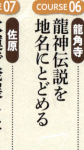

千葉 ぶらり歴史探訪ルートガイド

エリアMAP&コース

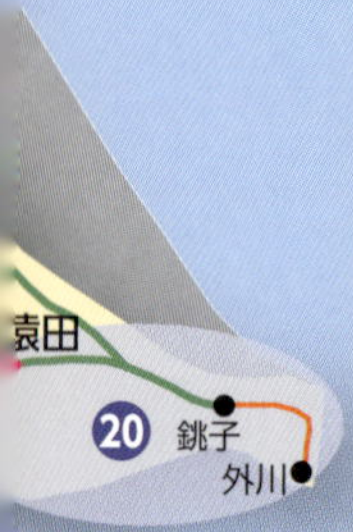

東葛・北総エリア

COURSE 01 スタート JR常磐線 松戸駅 ➡ ゴール 北小金駅
COURSE 02 スタート 東武野田線 野田市駅 ➡ ゴール 愛宕駅
COURSE 03 スタート JR常磐線 我孫子駅 ➡ ゴール 我孫子駅
COURSE 04 スタート 京成本線 京成佐倉駅 ➡ ゴール 京成佐倉駅
COURSE 05 スタート 京成本線 宗吾参道駅 ➡ ゴール 京成スカイアクセス線 成田湯川駅
COURSE 06 スタート JR成田線 安食駅 ➡ ゴール 下総松崎駅
COURSE 07 スタート JR成田線 佐原駅 ➡ ゴール 佐原駅

京葉エリア

COURSE 08 スタート 京成本線 国府台駅 ➡ ゴール 北総線 北国分駅
COURSE 09 スタート JR総武線 下総中山駅 ➡ ゴール 本八幡駅
COURSE 10 スタート 東京メトロ東西線 妙典駅 ➡ ゴール 浦安駅
COURSE 11 スタート 京成本線 海神駅 ➡ ゴール 東武野田線 新船橋駅
COURSE 12 スタート JR京葉線 稲毛海岸駅 ➡ ゴール 京成千葉線 京成幕張駅
COURSE 13 スタート 京成千原線 千葉寺駅 ➡ ゴール タウンライナー 作草部駅
COURSE 14 スタート JR内房線 八幡宿駅 ➡ ゴール 八幡宿駅

内房・南房総エリア

COURSE 15 スタート JR内房線 木更津駅 ➡ ゴール JR久留里線 久留里駅
COURSE 16 スタート JR内房線 浜金谷駅 ➡ ゴール 青堀駅
COURSE 17 スタート JR内房線 安房勝山駅 ➡ ゴール 保田駅
COURSE 18 スタート JR内房線 館山駅 ➡ ゴール 富浦駅
COURSE 19 スタート JR内房線 館山駅 ➡ ゴール 館山駅

九十九里・外房エリア

COURSE 20 スタート JR総武本線 猿田駅 ➡ ゴール 銚子電鉄 犬吠駅
COURSE 21 スタート JR総武本線 成東駅 ➡ ゴール 成東駅
COURSE 22 スタート いすみ鉄道 大多喜駅 ➡ ゴール 小湊鐵道 養老渓谷駅
COURSE 23 スタート JR外房線 勝浦駅 ➡ ゴール 勝浦駅
COURSE 24 スタート JR内房線・外房線 安房鴨川駅 ➡ ゴール 安房鴨川駅

愛宕
野田市
02
我孫子
03
柏
北小金
01
松戸
新鎌ヶ谷
08
北国分
国府台
09
海神
11
下総中山
北習志野
勝田台
妙典
10
安食
06
下総松崎
成田湯川
宗吾参道
05
成田空港
芝山千代田
京成佐倉
04
佐倉
佐原
07
香取
12
稲毛海岸
都賀
13
千城台
千葉
千葉寺
蘇我
成東
21
八幡宿
ちはら台
大網
五井
14
木更津
15
青堀
久留里
16
上総亀山
大多喜
22
養老渓谷
上総中野
大原
浜金谷
保田
17
安房勝山
勝浦
23
安房鴨川
24
富浦
18
館山
19

この本の使い方

この本では、千葉県を大きく4つのエリアにわけ、その中で歴史探訪に最適なコースを24紹介しています。各コースでは、寺社や旧跡、博物館、古墳、貝塚といった、歴史を学んだり、体験したりできる場所を取り上げています。

コース設定は、すべて徒歩でめぐるところ、途中で鉄道やバスを使って移動するところなど、さまざまなパターンがあります。どれも、スタートとゴールを鉄道駅にして、アクセスしやすいようにしました。

千葉のさまざまな時代のスポットをめぐりながら、はるかなる歴史の流れを感じましょう。


コースの魅力や、この地域の歴史的背景などをまとめています。


コースの番号とコース名です。

コースの特徴がひと目でわかるようにしています。

コースのおすすめのめぐり方を紹介しています。
目安の移動時間と距離は、徒歩でかかるもののみを計算しています。（1kmは20分で算出）

このコースの周辺地図です。

おすすめのめぐり方を赤い点線で表しています。


どの時代に関係があるスポットを楽しめるかを表しています。

このコースで、立ち寄りたいスポットを、文章や写真で紹介しています。

営業時間、料金、休日が定められているスポットには、それらのデータも記載しています。

寺社の拝観時間は、基本的に日の出から日没までです。


各スポットの番号は、おすすめコース内と地図内のスポットとリンクしています。

アルファベットの番号は、おすすめのコース外にはなりますが、ぜひ1度立ち寄ってみてほしいスポットです。

COURSE 05

東葛・北総エリア　COURSE 05　宗吾参道　義民・宗吾の伝説が残る

2 旧東勝寺跡地《きゅうとうしょうじあとち》
東勝寺は、桓武天皇時代に征夷大将軍だった坂上田村麻呂が、房総平定の際に、戦没者供養のため建立したといわれている。その東勝寺の創建の地は、現在「大日山の塔ノ下」と呼ばれ、石仏と供養塔がある。

成田市台方861-5

3 麻賀多神社《まかたじんじゃ》
周辺一体の鎮守として信仰を集めている、印旛郡市の麻賀多十八社の惣社。台方の本社（台方社）から北方1㎞の場所にあるのが、奥宮の船形社。印旛国造であった伊都許利命が創始したといわれており、平安時代の古書『延喜式』にも記載されているほど由緒がある。境内は県天然記念物の「麻賀多神社の森」で、本殿左奥にある樹齢1300年以上の大杉は、東日本一の大きさ。霊験あらたかなパワースポットとして知られている。

成田市台方1

4 宗吾旧宅《そうごきゅうたく》
宗吾霊堂の本尊である佐倉宗吾（木内惣五郎）が住んでいた。約400年も前に建てられた「かのこ建て」という、土台がなく丸石の上に柱をのせる建築様式の屋敷だ。かつては茅葺き屋根だったが、40年ほど前に現在のトタン板に替えられた。宗吾亡き後も、代々、木内家の子孫が住んで屋敷を守り続けており、現在でも、木内氏が在宅であれば内部見学を受け入れてくれる。手入れが行き届いた、歴史を感じる屋敷内で、宗吾をしのびたい。

成田市台方569

宗吾が使ったとされる「棒井」

5 甚兵衛公園《じんべえこうえん》
甚兵衛公園は、千葉県立印旛手賀自然公園の一部に位置している。四季折々の花を楽しむことができ、特に花畑が名所。春は菜の花、秋にはコスモスが一面に咲き誇る。「甚兵衛」とは、宗吾が江戸へ直訴に行く際に、自らの命をかえりみずに渡し舟を出し、印旛沼に身を投じたと伝わる舟守の名。沼の岬には甚兵衛の供養塔がある。甚兵衛大橋を渡ると、サイクリングコースや大型遊具があり、家族そろって楽しめる。

成田市北須賀1626

子ども用の遊具もある

6 薬師寺《やくしじ》
薬師如来を本尊とする、真言宗の寺院。本堂に安置されている木造薬師如来坐像は、鎌倉時代のものとされ、県指定有形文化財。宗吾霊堂霊宝殿に展示されている梵鐘には「下州印東庄八代郷船方薬師寺」と刻まれており、同寺のものだといわれている。

成田市船形219

佐倉の農民のために命を張った義民・佐倉宗吾の伝説

佐倉惣五郎（本名・木内惣五郎）は、下総国佐倉藩で藩主・堀田氏の年貢の重圧から農民を救うため、4代将軍・徳川家綱に直訴した。訴えは聞き入れられたが、惣五郎だけでなく息子もともに処刑されたというのが定説。実在していた人物かどうか諸説あるが、通称「宗吾」と呼ばれ、現在でも歌舞伎上演などで義民伝説が後世に伝わっている。

見どころギャラリー
2 旧東勝寺跡地
石仏がひっそりと佇む
4 宗吾旧宅
代々子孫によって守られている
3 麻賀多神社
歴史を感じさせる拝殿
6 薬師寺
立派な山門をくぐり、階段を登って本堂へ
5 甚兵衛公園
秋にはコスモスが一面に咲き乱れる

029　028

このエリアに関係の深い人物や、場所、出来事などを、コラムで紹介しています。

上の紹介で登場したスポットの見どころを集めて、「ギャラリー」として掲載しています。

※本書で掲載されている情報やデータは、2019年2月時点のものです。
施設の見学時間や休日、利用料金、交通（路線や駅、バス停等）など、情報は変更になる可能性がありますので、事前に確認の上、お出かけください。

戸定邸。庭園は国指定名勝だ

COURSE 01

松戸

五街道の宿場町として栄えた

◆鎌倉時代
◆室町時代
◆江戸時代
◆明治時代

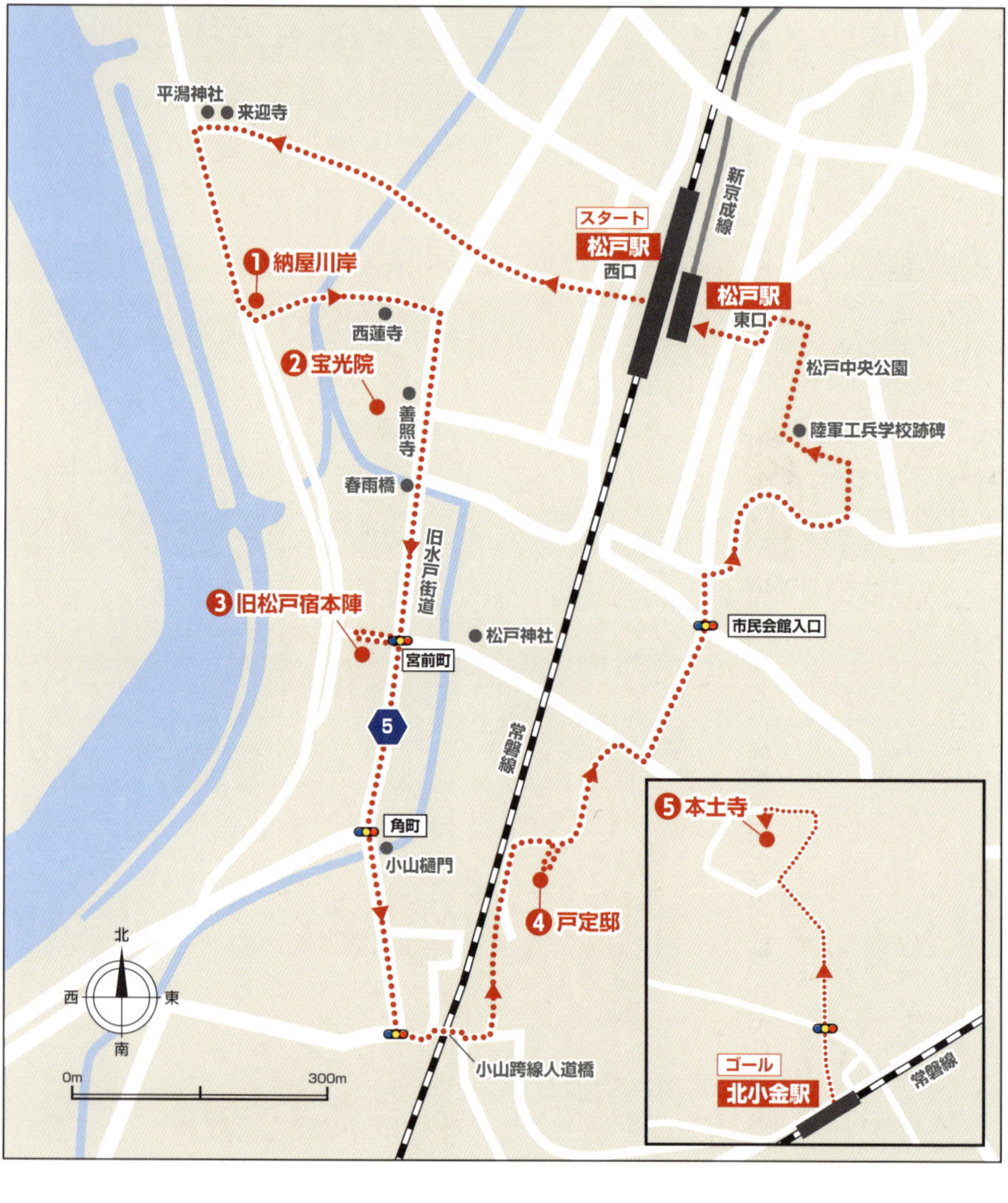

松戸エリアの魅力

江戸の五街道のひとつで、日光街道の宿場町として栄えた松戸宿。繁栄を後押ししたのは、享保年間に整備され、利根川の布佐（現在の我孫子市）から松戸までを結んだ「鮮魚《なま》街道」だ。銚子沖で獲れた鮮魚を江戸へ送る水運中継地として、松戸宿はかつてない活況を呈したという。

スタート JR常磐線 松戸駅
徒歩14分
1 納屋川岸
徒歩8分
2 宝光院
徒歩10分
3 旧松戸宿本陣
徒歩22分
4 戸定邸
徒歩12分
松戸駅
電車（JR常磐線）
北小金駅
徒歩24分
5 本土寺
徒歩24分
ゴール JR常磐線 北小金駅

徒歩時間の目安 1h54min
徒歩距離の目安 約5.7km

1 納屋川岸《なやがし》

かつて江戸川は、松戸宿付近で大きな干潟を形成していたため、干潟は船着き場を作るのに都合がよく、江戸時代以降は川の両岸に御領問屋や商人の納屋、船宿が建ち並んでいたという。その活況ぶりを称し、このあたりは「納屋川岸」と呼ばれた。享保年間（1716〜1736）に「鮮魚《なま》街道」が整備されると、銚子で水揚げされた魚を運ぶ水運も松戸宿に集まり、納屋河岸はますます発展。宝暦5年（1755）頃、鮮魚街道を経由して松戸宿に運び込まれた鮮魚の輸送量は、ひと月で50トンを超えたという記録も残っている。

かつてこのあたりには商人の納屋などが並んでいた

2 宝光院《ほうこういん》

真言宗豊山派の寺院で、不動明王を本尊として奉る。幕末期に社殿を造営した高城義海大僧正は、同寺にて出家。のちに東京の護国寺、奈良の総本山長谷寺や室生寺の住職を務め、明治時代を代表する高僧として有名。同寺には幕末三剣士のひとりで、北辰一刀流を開いた千葉周作の実父・千葉忠左衛門

（浦山寿貞）の墓がある。また、周作の剣の師匠で養父でもある浅利又七郎の供養碑もあり、ゆかりが深い。若き日の周作は寺の門前に居を構え、近所にあった浅利道場で修行に励んだとされる。

浦山寿貞の墓

●松戸市松戸1842

3 旧《きゅう》松《まつ》戸《ど》宿《じゅく》本《ほん》陣《じん》

宿場町として発達した町、松戸。松戸宿の宿泊・休憩所である本陣は、現在の松戸郵便局手前に置かれていた。本陣には門や玄関、書院を作ることが許可されており、それが一般の旅籠（旅館）との違いである。松戸宿の本陣は、水戸徳川家をはじめ、水戸街道を参勤交代で往来した常陸国や奥州国などの大名ら十数の藩に利用された。明治維新後に宿駅制度が廃止され、本陣もその役目を終える。松戸の旧本陣は幕末の火災で焼失し、直後に再建されたが、平成16年に取り壊された。本陣跡地には石造りの記念碑が立っている。

●松戸市松戸1756

4 戸《と》定邸《じょうてい》

明治17年（1884）に、徳川慶喜の実弟で水戸藩11代藩主・徳川昭武《あきたけ》が建てた屋敷。建築から130年あまり経つ現在でも、建物全体が状態よく保存され、明治時代の徳川家の住まいをほぼ完全に残す唯一の建造物である。9棟の建物が廊下で結ばれ、総部屋数は23室にもおよぶ。

隣接する戸定歴史館には、昭武が将軍名代として参加した慶応3年（1867）の第2回パリ万国博覧会関連の

松戸
五街道の宿場町として栄えた

見どころギャラリー

2 宝光院　朱塗りの美しい本堂

4 戸定邸　屋敷は国の重要文化財に指定されている

3 旧松戸宿本陣
解体前の外観。今は取り壊され、碑だけが残る

資料など、貴重な展示が多い。明治時代に慶喜本人が撮影した写真の展示は、必見。

●松戸市松戸714・1／9時30分～17時（入館は16時30分まで）／月曜（祝日の場合翌日）、年末年始休み／入館一般320円（戸定邸と歴史館共通）

⑤本土寺《ほんどじ》

建治3年（1277）、日蓮上人がみずから長谷山《ちょうこくさん》本土寺と命名し、高弟・日朗が建立した日蓮宗寺院。東京池上の長栄山本門寺ならびに鎌倉比企《ひき》ケ谷《がやつ》の長興山妙本寺とともに、「朗門の三長三山」と称される名刹だ。「本土」とは、お釈迦様が「本当の佛《ほとけ》（本佛）」となって住まわれる国土の意味。かつては宗門屈指の大山として百数十の門下の寺を従えたが、数々の厄災や明治維新の廃仏毀釈運動によって勢いは衰えた。しかし寺内には数多くの文化財が残り、過去の栄華を彷彿させる。中でも日蓮の書状「大学三郎御書」や「諸人御返事《しょにんごへんじ》」、建治4年（1278）・文明14年（1482）銘の梵鐘などは、国の重要文化財に指定されている。近年では「あじさい寺」としても親しまれ、梅雨の季節には幾多の観光客が訪れている。

●松戸市平賀63／8～17時／参拝料500円

流山の造り酒屋にひそんでいた近藤勇

流山駅近くに新選組局長・近藤勇の陣屋跡がある。慶応4年（1868）、官軍が流山に先遣隊を送ると、大久保大和と名乗る男に出くわす。すると官軍の中に近藤の顔を知る者がおり、偽名が暴かれた近藤はその場で捕縛されたという。近藤がひそんでいたのは長岡屋という造り酒屋で、陣屋跡を示す碑は旧長岡屋の土蔵前に立っている。

旧長岡屋の土蔵

⑤本土寺

本尊が祀られている本堂

⑤本土寺

五重塔と秋の境内。四季折々に違った表情を見せる

COURSE 02

野田 江戸の食を支えた醤油の街

上花輪歴史館の門長屋は明和3年（1766）の築造

野田エリアの魅力

醤油醸造の地として栄えた千葉県最北にある野田市は、利根川や江戸川に囲まれた地形が水運に便利だったために醤油製造業が発展したといわれている。野田市にはキッコーマン本社のほかにも、醤油醸造業を営んでいた名家の歴史ある邸宅が立ち並び、今でも当時の光景を伝えている。

スタート **東武野田線 野田市駅**
徒歩4分
1 キッコーマンもの知りしょうゆ館
徒歩24分
2 上花輪歴史館
徒歩14分
3 興風会館
徒歩3分
4 旧野田商誘銀行
徒歩9分
5 野田市市民会館（旧茂木佐平治邸）
徒歩14分
6 下総野田愛宕神社
徒歩8分
7 旧茂木房五郎家住宅（懐石あた后）
徒歩2分
ゴール **東武野田線 愛宕駅**

徒歩時間の目安 1h18min
徒歩距離の目安 約3.9km

1 キッコーマンもの知《し》りしょうゆ館《かん》

野田の醤油は、江戸時代前半から醸造が開始され、大正6年（1917）にキッコーマン株式会社の前身である野田醤油株式会社が設立された。キッコーマン本社しょうゆ工場の中にあるもの知りしょうゆ館では、醤油の色・味・香りの違いを体験しながら醤油の製造過程を学べる。予約制の見学コースは約1時間で、映像と工程見学で知識を深められる。原料から熟成や圧搾などを経て、身近な調味料である醤油ができあがる工程は、子どもも興味津々で楽しめる。館内には売店もあり、オリジナル商品や工場限定品も販売。醤油を使ったメニューが楽しめるカフェもある。

●野田市野田110／9～16時（受付15時まで）／第4月曜、GW、お盆、年末年始休み

2 上《かみ》花《はな》輪《わ》歴《れき》史《し》館《かん》

野田の醤油醸造を支えた、上花輪村の名主である高梨兵左衛門。その高梨家の邸宅と庭園を見学し、名家の軌跡をたどる。展示棟には、醤油醸造の歴史や当時の生活文化を知ることができる古文書や物品が保存・公開。冠木《かぶき》門の向かい側にあるレンガ造りの醤油醸造蔵では、仕込桶である大桶での仕込

野田

江戸の食を支えた醤油の街

み状況を見ることができる。庭園は、平成13年（2001）に、千葉県初の国の名勝文化財の指定を受けた。

●野田市上花輪507／3月・10～12月（第1週）10～16時、4～7・9月10～17時（入館は閉館1時間前まで）／月曜、火曜、8月、12月中旬～2月休み／入館一般おとな500円

3 興風会館《こうふうかいかん》

国の登録有形文化財に指定されている昭和4年（1929）竣工のコンクリート造の会館。明治大学駿河台旧校舎などを手がけた大森茂氏が設計を担当し、塔屋の破風や半円アーチ窓など昭和ロマネスク様式が施された、近世復興式の重厚感ある外観が特徴的だ。キッコーマンの施設として建てられたが、現在は別団体が管理運営を行い、ホールなどを利用することもできる。

●野田市野田250／月曜、第2木曜、祝日、年末年始休み

4 旧《きゅう》野《の》田《だ》商誘《しょうゆう》銀行《ぎんこう》

野田商誘銀行は、明治33年（1900）に野田の醤油醸造業者により設立。商誘は「しょうゆ」の語呂にちなんだもの。大正15年（1926）に完成した建物は、左右対称となっているアールデコ様式の美しいコンクリート造で、近代化産業遺産の指定を受けている。現在は千秋社の所有になり、中は見学できないが、完成当初を受け継ぐその姿は野田市の歴史的建造物として価値が高い。

●野田市野田339

5 野《の》田《だ》市《し》市《し》民会館《みんかいかん》（旧《きゅう》茂木佐平治邸《もぎさへいじてい》）

醤油醸造家であった茂木佐平治のかつての邸宅は、現在は野田市市民会館として市民の憩いの場となっている。大正末期に建てられた建物は、趣のあ

見どころギャラリー

3 興風会館

ロマネスク様式の外観

1 キッコーマンもの知りしょうゆ館

大きなタンクとキッコーマンのロゴが目印

2 上花輪歴史館

キッコーマンが所蔵している煉瓦蔵

る純和風の木造平屋で、手入れの行き届いた美しい庭園に囲まれている。主屋と茶室、また庭園も国の登録有形文化財に指定されている。和室10室と茶室1室が貸し出されているほか、館内にある「市民つどいの間」では学芸員がキャリアデザインについての情報提供を行っている。

●野田市野田370・8／9～17時／火曜、年末年始休み

6 下総《しもうさ》野田《のだ》愛宕《あたご》神社《じんじゃ》

同地区の火防のために山城国（現・京都）の愛宕神社から火之迦具土神《ひのかぐつちのかみ》を分霊し、祀ったといわれ、延長元年（923）に創建されたと伝わる。千葉県の有形文化財に指定されている本殿にめぐらされたさまざまな彫刻は、江戸時代後期に活躍した二代目石原常八の作。本殿もさることながら、野田市で2番目の古さとされる石鳥居や、御神水をいただける延命水など、歴史を伝える境内も一見の価値がある。

●千葉県野田市野田725

7 旧《きゅう》茂木《もぎ》房五郎《ふさごろう》家《け》住宅《じゅうたく》（懐石《かいせき》あた后《ご》）

国登録有形文化財の、キッコーマン創業者一族である茂木房五郎のかつての邸宅。昭和12年（1937）に建てられた居住棟は、4周に縁をめぐらし、そこにガラス戸を建てた木造平屋だ。現在は懐石あた后の店舗となっており、趣のある建造物と併せて、オーダーを受けてから焼き上げる名物・特製卵焼きも楽しみたい。

住居と土蔵が残る

●野田市野田721／11時30分～14時30分、17時30分～21時／火曜休み／要予約

6 下総野田愛宕神社

社殿前を狛犬が守る

4 旧野田商誘銀行

アールデコ様式の外観は重厚感がある

5 野田市市民会館

茂木佐平治の邸宅は趣きのある和風家屋だ

我孫子 白樺派の文化人が集った

旧村川別荘の竹林も見事　写真提供:我孫子インフォメーションセンター

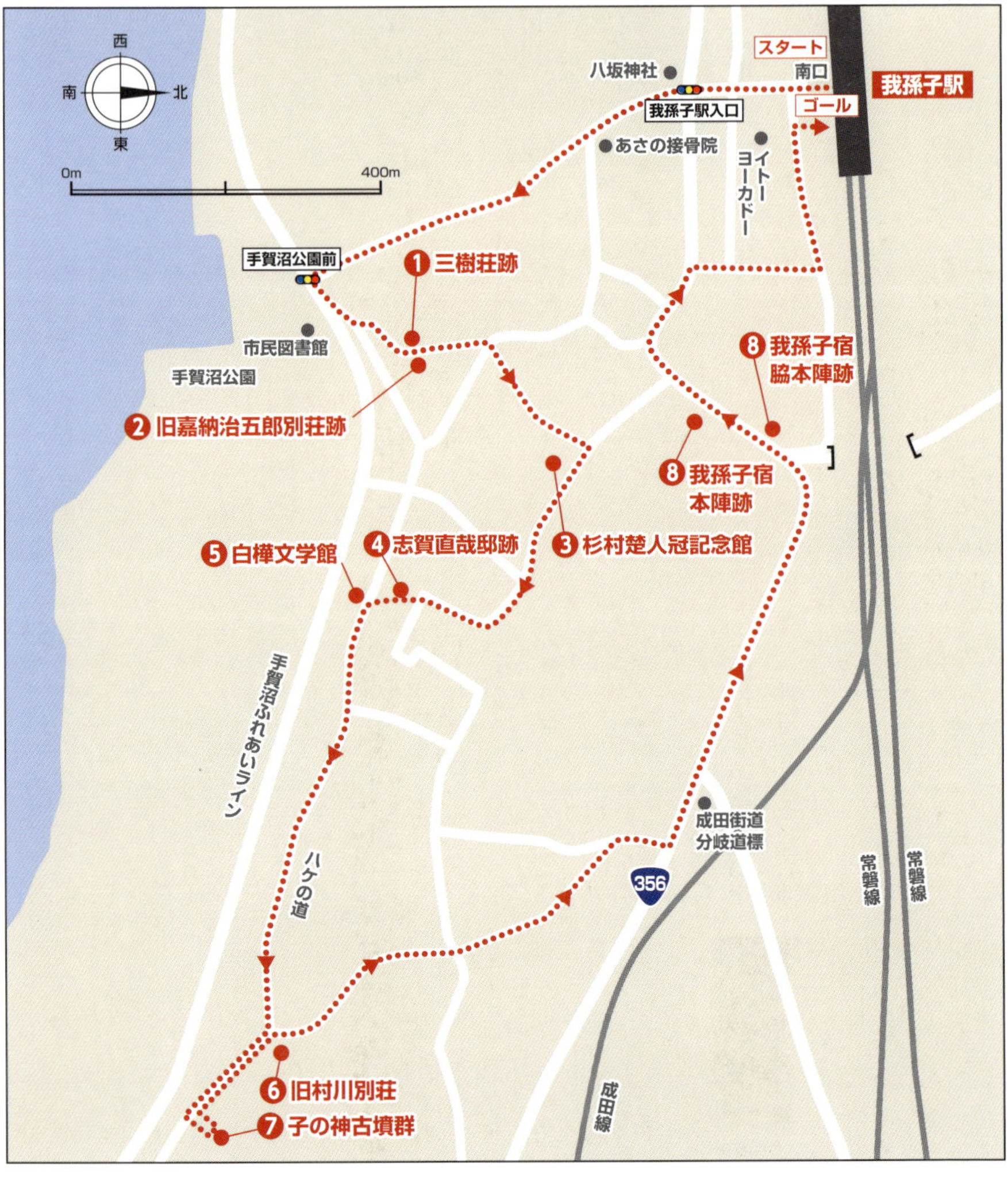

我孫子エリアの魅力

江戸時代には宿場として栄えたが、明治時代になると鉄道開通により別荘地として人気を博した。大正時代から昭和初期にかけては「北の鎌倉」と称され、柳宗悦や志賀直哉など多くの白樺派文人が居を構えていたため、白樺派ゆかりのスポットが市内に点在している。

❶ 三樹荘跡《さんじゅそうあと》

白樺派の思想家で民藝運動の父である柳宗悦《やなぎむねよし》の邸宅は、別名「三樹荘」と呼ばれ、白樺派のメンバーが集う場所だった。イギリス人の陶芸家バーナード・リーチも、邸宅内にある窯で作陶したといわれる。名前の由来となったのは、邸内の3本の椎の木。現在でも、当時のまま力強く生えている。敷地内は非公開だが、かつて多くの文学者や思想家が集った場所として、我孫子探訪の際には訪れたいスポットだ。

● 我孫子市緑1・9・13

❷ 旧嘉納治五郎別荘跡《きゅうかのうじごろうべっそうあと》

旧嘉納治五郎別荘跡は、三樹荘と通りをはさんだ向かい側に位置している。明治時代末に建てられ、我孫子が別荘地として発展する礎になった。当別荘を所有していた柔道家・教育家の嘉納治五郎は、三樹荘に住んでいた柳宗悦の叔父。現在建物はなく、手賀沼を眺望できる「天神山緑地」として親しまれている。

● 我孫子市緑1・10

緑地には東屋も

写真提供：我孫子インフォメーションセンター

スタート JR常磐線 我孫子駅

徒歩22分

❶ 三樹荘跡

徒歩1分

❷ 旧嘉納治五郎別荘跡

徒歩8分

❸ 杉村楚人冠記念館

徒歩6分

❹ 志賀直哉邸跡 書斎

徒歩1分

❺ 白樺文学館

徒歩14分

❻ 旧村川別荘

徒歩2分

❼ 子の神古墳群

徒歩26分

❽ 我孫子宿本陣跡・脇本陣跡

徒歩14分

ゴール JR常磐線 我孫子駅

徒歩時間の目安 1h33min

徒歩距離の目安 約4.6km

3 杉村楚人冠記念館《すぎむらそじんかんきねんかん》

明治末期から昭和初期にかけて活躍した国際的ジャーナリスト杉村楚人冠の、蔵書や愛用品などを展示。和洋折衷様式の旧邸宅母屋を、そのまま利用している。当時の面影を残すサロンや書斎では、楚人冠が執筆している姿が浮かんでくるようだ。庭園には、楚人冠が愛した椿が彩りを添えている。

● 我孫子市緑2・5・5／9時～16時30分（入館は16時まで）／月曜（祝日の場合直後の平日）、年末年始休み／入館一般３００円

4 志賀直哉邸跡《しがなおやていあと》 書斎《しょさい》

「小説の神様」と呼ばれ、数々の名作を遺した、白樺派小説家・志賀直哉は、柳宗悦のすすめで大正４年（１９１５）から８年間この地に住んでいた。現在、志賀直哉邸跡は書斎のみが残されている。一般開放は、年末年始を除く土日の、10～14時のみ。ここで、代表作『暗夜行路』の大部分を執筆。我孫子を題材にした作品も多い志賀をしのび、当時の情景を想像したい。

● 我孫子市緑2・7

5 白樺文学館《しらかばぶんがくかん》

志賀直哉邸跡の前にある白樺文学館は、平成13年（２００１）に開館。文芸同人誌『白樺』の中核だった柳宗悦、志賀直哉、武者小路実篤らの活動を紹介する。数ある資料や展示物の中でも、当時の写真や直筆原稿は、特に興味深い。白樺派文人と交流があった陶芸家バーナード・リーチの作品なども展示され、我孫子で創作活動を広げた彼らの、軌跡をたどることができる。

● 我孫子市緑2・11・8／9時30分～16時30分／月曜（祝日の場合直後の平日）休み／入館一般３００円

見どころギャラリー

4 志賀直哉邸跡 書斎

森の中にひっそりと佇む

1 三樹荘跡

名うての文人が集った

写真提供:我孫子インフォメーションセンター

5 白樺文学館

真っ白な外観が目印

写真提供:我孫子インフォメーションセンター

3 杉村楚人冠記念館

屋敷の母屋が展示館に

写真提供:我孫子インフォメーションセンター

6 旧《きゅう》村《むら》川《かわ》別荘《べっそう》

大正~昭和の西洋古代史学者で帝大教授だった村川堅固、その息子である堅太郎の、親子2代にわたって使われた別荘。別荘地として発展した我孫子の、当時の様子を色濃く残している。我孫子宿本陣の離れを解体移築した、江戸時代の風情を残す純和風の母屋と、寝室・書斎・居間として使われた和洋折衷の新館という作り。四季折々の美しさを感じる庭園も必見。市の文化財として指定され、市民ボランティアガイドが別荘内を案内してくれる。

●我孫子市寿2・27・9／9～16時（入場は15時30分まで）／月曜（祝日の場合直後の平日）、年末年始休み

7 子《ね》の神《かみ》古墳群《こふんぐん》

子の神古墳群は、6世紀に築造されたと推定され、円墳5基と前方後円墳1基が残る。かつて、円墳は13基あったといわれている。昭和から平成にかけて発掘作業が行われ、はにわが出土した歴史的価値の高いスポットだ。

8 我《あ》孫《び》子《こ》宿《じゅく》本陣《ほんじん》跡《あと》・脇《わき》本陣《ほんじん》跡《あと》

水戸街道の宿場町であった我孫子宿の、大名が休憩・宿泊する本陣と、その家来などのための脇本陣があった場所。本陣は残っていないが、脇本陣は天保2年（1831）に建築した茅葺屋根のままの姿で現存。我孫子宿の名主であった小熊甚左衛門の屋敷だった。周辺には当時の景観が残っていない中で、立派な門構えや建物からは、かつての我孫子宿の様子を想像することができる。

●我孫子市寿1・2・1、本町3・10・1

7 子の神古墳群

古墳群にはかつて14基の古墳があった
写真提供:我孫子インフォメーションセンター

8 我孫子宿本陣跡・脇本陣跡
本陣跡には碑のみが残る

7 子の神古墳群

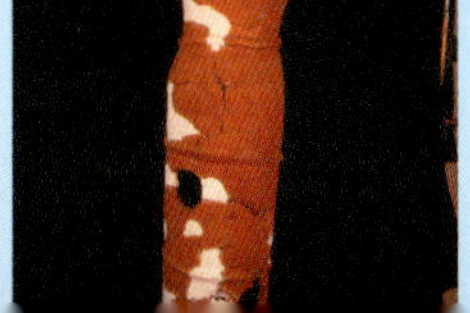

6 旧村川別荘

紅葉に彩られた母屋
写真提供:我孫子インフォメーションセンター

子の神古墳群から出土した朝顔形埴輪
写真提供:我孫子市教育委員会

佐倉 蘭学塾の面影残る城下町

◆鎌倉時代
◆江戸時代
◆明治時代

武家屋敷通りに隣接している「ひよどり坂」

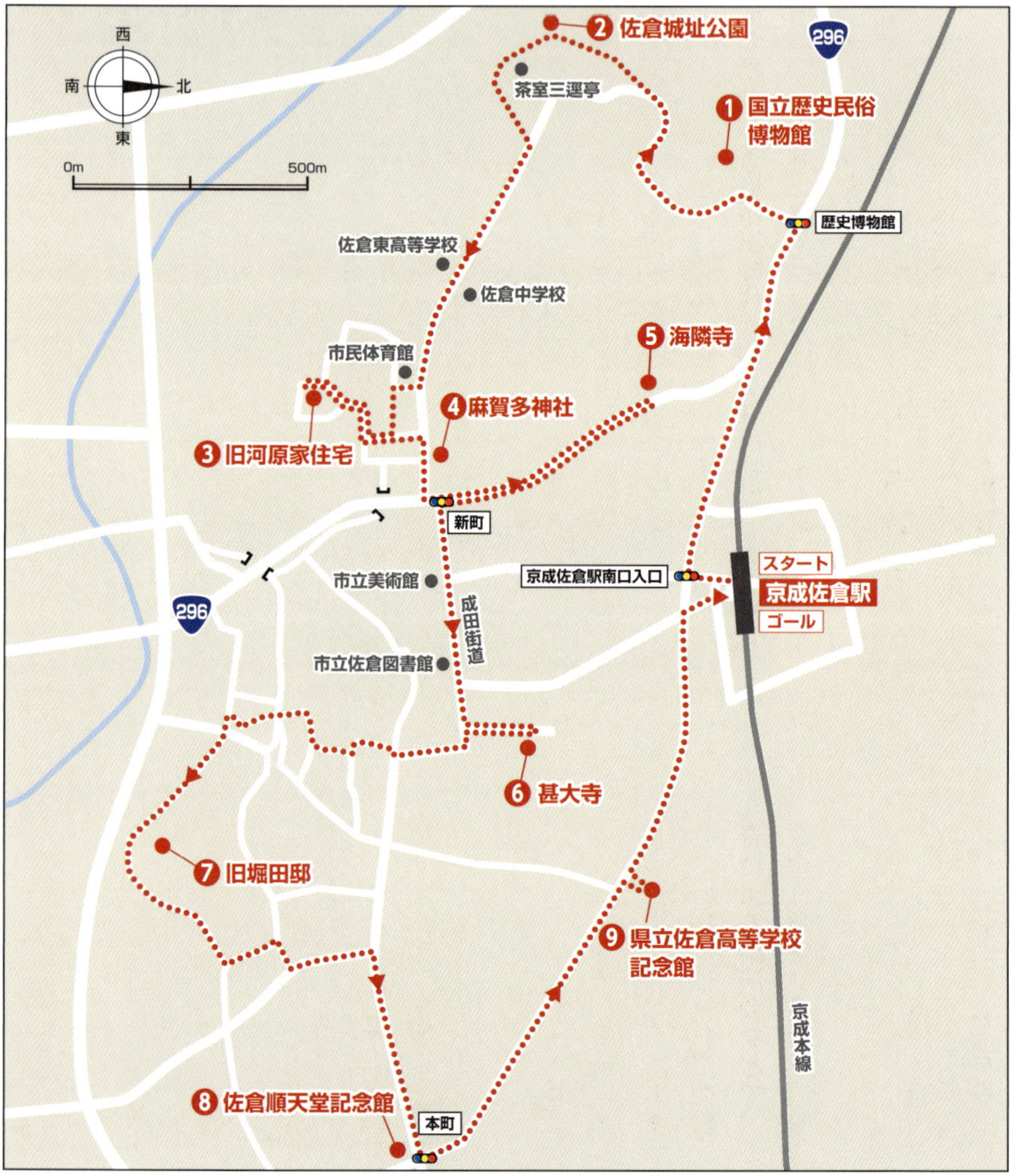

佐倉エリアの魅力

佐倉藩の城下町として栄えた佐倉市は、佐倉城をはじめ武家屋敷、歴代藩主ゆかりの邸宅や寺院などの歴史的建造物が現存している。また、「西の長崎、東の佐倉」と称されるほど蘭学の先進地であり、蘭医の佐藤泰然によって順天堂が発祥した地でもある。

❶ 国立《こくりつ》歴史《れきし》民俗《みんぞく》博物館《はくぶつかん》

日本の歴史・考古・民俗について総合的に学べる博物館。昭和58年（1983）に、佐倉城址の一角で開館した。常設展示は各時代に区切られた6室から成っており、古代から現代までの時代を象徴する出来事や事物を取り上げている。展示だけでなく研究も行っている施設のため、調査研究を基にした再現度の高い展示物が好評だ。まるで実物のようなレプリカや、その時代の街並みを再現した復元模型は、日本の発展と成長を生き生きと伝えている。各展示室の代表的な展示物は、ナウマンゾウの実物大模型（第1展示室）、王朝貴族の邸内の再現（第2展示室）、寺子屋体験（第3展示室）、宮城県気仙沼市にある築200年以上の古民家「尾形邸」の再現（第4展示室）、浅草の街並の実物大復元模型（第5展示室）、赤羽台団地の実物大再現（第6展示室）など。期間限定で行われている企画展示や、歴史民俗博物館の教員、館外の研究者による講演会などで、さらに日本の文化と歴史の奥深さに触れることができるだろう。

●佐倉市城内町117／3～9月9時30分～17時、10～2月9時30分～16時30分／月曜（祝日の場合翌日）、年末年始休み／入館一般600円

スタート **京成本線 京成佐倉駅**

徒歩30分

❶ **国立歴史民俗博物館**

徒歩14分

❷ **佐倉城址公園**

徒歩26分

❸ **旧河原家住宅**

徒歩10分

❹ **麻賀多神社**

徒歩12分

❺ **海隣寺**

徒歩24分

❻ **甚大寺**

徒歩20分

❼ **旧堀田邸**

徒歩20分

❽ **佐倉順天堂記念館**

徒歩16分

❾ **県立佐倉高等学校記念館**

徒歩14分

ゴール **京成本線 京成佐倉駅**

徒歩時間の目安 3h06min

徒歩距離の目安 約9.3km

佐倉

蘭学塾の面影残る城下町

② 佐《さ》倉《くら》城《じょう》址《し》公園《こうえん》

日本100名城にも選ばれた佐倉城は、江戸時代初期に築城され、佐倉藩の藩庁が置かれた。明治維新後に建物のほとんどが壊され、陸軍の駐屯地となった後、昭和54年（1979）から公園として整備。その際、水堀の復元、本丸跡、出丸跡などが整備された。城の建物としては門がひとつ残っているのみだが、遺構が多く、歴史の歩みを感じられる。園内にある、樹齢約400年の「夫婦モッコク」は県指定天然記念物。ほかにも、椎やモミジの木などが生い茂り緑豊か。市民さくらまつりが開催される桜の名所でもある。公園東端の佐倉城址公園管理センターには、佐倉城に関する模型や出土遺物などが展示されており、併せて楽しみたい。

●佐倉市城内町官有無番地

③ 旧《きゅう》河《かわ》原《はら》家《け》住宅《じゅうたく》

江戸時代後期に藩士が住んでいた武家屋敷は、土塁と生垣の通りに面して3棟が公開されている。その中でも、旧河原家住宅は、最も古い屋敷だといわれ、県指定有形文化財。展示している調度品などからは、当時の武士の暮らしぶりが垣間見える。見学には、旧河原家・旧但馬家・旧武居家の武家屋敷3棟を見学できる入館券が必要。城下町の風情を楽しみながら、3棟とも見学することがおすすめだ。ちなみに、旧武居家住宅は、移築に伴って出土された、武家屋敷関連資料を展示している。

旧河原家住宅に接している「くらやみ坂」

●佐倉市宮小路町57／9～17時／月曜（祝日の場合翌日）、年末年始休み／入館一般210円

見どころギャラリー

① 国立歴史民俗博物館

通称「歴博」として歴史好きに親しまれる

② 佐倉城址公園

復元された馬出し空濠

4 麻賀多神社《まかたじんじゃ》

旧佐倉藩の総鎮守として、古くから「まかたさま」と呼ばれ崇められてきた。本殿は天保14年（1843）に5代藩主・堀田正睦《まさよし》により造営。4代藩主の堀田正愛《まさちか》が愛用していた甲冑「紫《むらさき》裾濃《すそご》胴丸《どうまる》」（非公開）が所蔵されている。境内にある樹齢800年の大イチョウをはじめ、多くの緑に囲まれた神社だ。また、摂社の三峯神社は麻賀多さまの祖父母神、稲荷神社は御子神だ。末社の「なで恵比寿」といわれる疱瘡神社には、病気平癒を願う人々が集まる。10月のご例祭で見られる豪華な神輿は、県内でも最大級のもので、市指定文化財となっている。

● 佐倉市鏑木町933・1

鳥居を狛犬が守る

5 海隣寺《かいりんじ》

下総の戦国大名である千葉氏の菩提寺である海隣寺は、時宗の旧大本山・無量光寺の末寺。海から引き上げた金色に輝く阿弥陀仏を「海上月越如来」と名付けて本尊とし、現在の千葉市花見川区幕張に文治3年（1187）創建したのが始まり。千葉家の内紛により佐倉市に移り、現在は市役所に隣接している。市役所本庁舎西側にあるのは、千葉氏歴代当主の石塔。海隣寺坂を下ると佐倉城の水堀につきあたる。

● 佐倉市海隣寺町78

6 甚大寺《じんだいじ》

甚大寺は十一面観音を本尊とする、天台宗の寺院。堀田正俊・正睦・正倫《まさとも》が眠る、堀田家の菩薩寺でもある。もとは出羽国山形城下に創建されたが、

4 麻賀多神社

現社殿は堀田正睦により建てられた

5 海隣寺

本尊が祀られる本堂

6 甚大寺

本堂は滑川龍正院の仏堂を移築したもの

山形藩主だった堀田正亮《まさすけ》の佐倉への転封に伴って現在地へ移された。金毘羅尊、不動明王、毘沙門天、仁王尊、お身ぬぐい観音が奉られている。客殿玄関脇にある瓦製のしゃちほこは、佐倉城の門の屋根のものといわれ、一見の価値がある。多くの参拝客で賑わう招福祈願の縁日は、毎月10日に開催。

●佐倉市新町78

7 旧《きゅう》堀《ほっ》田《た》邸《てい》

明治23年（1890）に建てられた旧堀田邸は、最後の佐倉藩主である堀田正倫の旧邸宅。近世の武家住宅様式を引き継ぐ上級和風建築で、旧大名家（華族）の暮らしぶりをしのぶ屋敷として大変価値があり、平成18年（2006）に国の重要文化財として指定された。伝統的な和風建築工法と、ボルトやナットを使用した西洋建築工法が混在しており、住宅部は5棟で構成された大規模な邸宅だ。その風情を活かし、映画やドラマのロケ撮影も多く行われている。現在は、玄関棟・座敷棟・居間棟1階・湯殿が一般公開されており、書斎棟・居間棟2階・門番所は年数回の特別公開日で見学可能。邸宅を囲む、美しい芝生の「さくら庭園」は、春には桜が満開になり多くの花見客でにぎわう。手がけたのは、当時の有名な庭師であった珍珠園の伊藤彦右衛門。明治期を代表する庭園として親しまれ、無料で一般開放されている。

庭園一帯は国の名勝に指定

●佐倉市鏑木町274／9時30分～16時30分（入館は16時まで、庭園は常時開放）／月曜（祝日の場合翌日）、年末年始休み／入館一般320円

見どころギャラリー

7 旧堀田邸

内部も公開されている

7 旧堀田邸

明治期の上級和風建築が現存

8 佐倉《さくら》順天堂《じゅんてんどう》記念館《きねんかん》

順天堂は日本初の私立医院で、佐倉の地にて天保14年（1843）に開院。佐倉藩主・堀田正睦に招きを受けた、蘭医の佐藤泰然が蘭医学塾も兼ねて開院し、治療だけでなく医学教育も行われていた。安政5年（1858）に建てられた建物の一部を活用した佐倉順天堂記念館では、当時の医学書や医療器具など、日本医療の発展の軌跡をたどる興味深い展示品が並んでいる。また、佐倉順天堂記念館・武家屋敷3棟・旧堀田邸の3館を見学できる入館券は一般は540円で利用できる。

庭には蘭医佐藤泰然の像も

● 佐倉市本町81／9～17時（入館は16時30分まで）／月曜（祝日の場合翌日）、年末年始休み／入館一般100円

9 県立《けんりつ》佐倉《さくら》高等学校《こうとうがっこう》記念館《きねんかん》

寛政4年（1792）に藩校として創立された佐倉学問所から始まった佐倉高等学校は、明治43年（1910）に現地へ移転。旧藩主・堀田正倫の援助を受けて建てられた本館は、現在は記念館となっている。玄関両脇の双塔や、ドーム屋根などの西洋建築を取り入れた木造校舎は歴史的価値が高く、国有形文化財として指定。内部は非公開だが、年に1度公開日がある。構内の地域交流施設内にある展示室（入館料無料）では、県指定文化財の鹿山文庫関係資料をはじめ、古書籍、順天堂関係書籍、古教材などを展示。また、佐倉高校出身の長嶋茂雄氏の写真やユニフォームも展示されている。

● 佐倉市鍋山町18／地域交流施設は10～12時・13～16時30分／地域交流施設は月～金休み※記念館内部は非公開

9 県立佐倉高等学校記念館

塔やドーム屋根を持つ木造洋風建築物

8 佐倉順天堂記念館

建物は安政5年（1858）に建てられた

COURSE 05

宗吾参道
義民・宗吾の伝説が残る

甚兵衛公園の松は「日本の名松100選」に指定されている

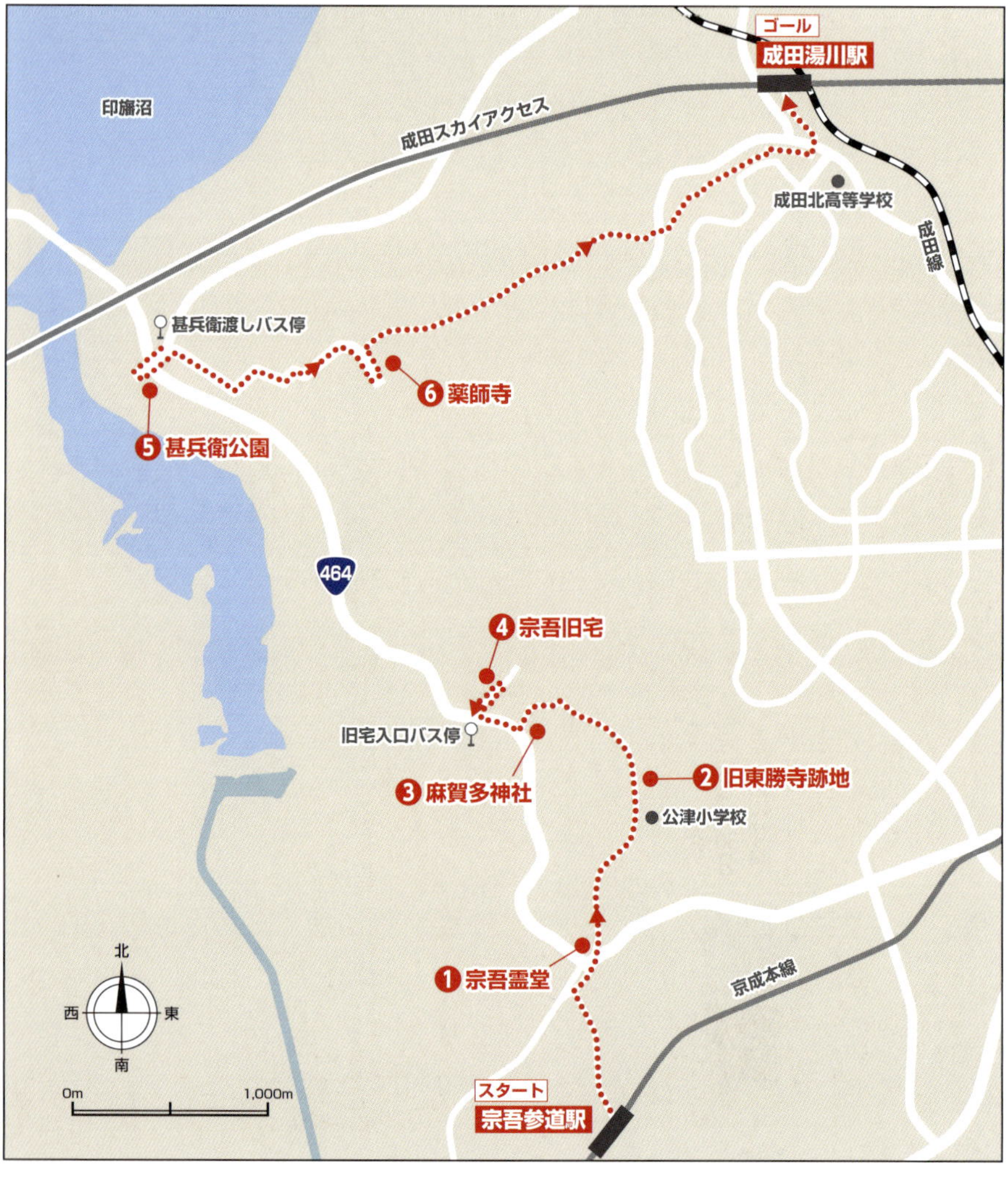

東葛・北総エリア
COURSE 05

宗吾参道
義民・宗吾の伝説が残る

宗吾参道エリアの魅力

江戸時代の伝説の義民・佐倉宗吾《そうご》（本名・木内惣五郎）ゆかりの地。宗吾350年の遠忌《おんき》を機に、宗吾参道駅から甚兵衛公園までの道のりを「義民ロード」とした。自然が多く残るスポットでもあり、各名所で四季折々に移り変わる風景を楽しむことができる。

❶ 宗吾霊堂《そうごれいどう》

鳴鐘山東勝寺は「宗吾霊堂」として知られ、江戸時代の義民・佐倉宗吾（惣五郎）を祀っている。もともとの開基は古く、桓武天皇の勅命により坂上田村麻呂が建立したといわれる。度重なる火災によって転々とし、現在地に再建されたのは大正10年（1921）のこと。宗吾とは、堀田氏の重税に苦しむ農民を救うために、4代将軍・徳川家綱に直訴して処刑された人物。東勝寺は真言宗であるが、本尊は大日如来ではなく、宗吾の志と徳にあやかり、「宗吾様」として霊を祀る。境内にある記念館では、宗吾の生涯を66体もの人形で13場面の立体パノラマで再現している。記念館と霊宝殿は共通チケットで見学可能。季節ごとの花々を楽しむこともでき、特に約7000株も植えられているアジサイは圧巻で、毎年6月にアジサイ祭りが開催。

●成田市宗吾1-558／記念館・霊宝殿8時30分～16時／記念館・霊宝殿月曜（祝日の場合翌日）休み／記念館・霊宝殿入館おとな700円

宗吾の霊が祀られている大本堂

スタート 京成本線 宗吾参道駅
徒歩22分
❶ 宗吾霊堂
徒歩22分
❷ 旧東勝寺跡地
徒歩13分
❸ 麻賀多神社
徒歩9分
❹ 宗吾旧宅
徒歩4分
旧宅入口バス停
バス（成田市コミュニティバス・北須賀ルート）
甚兵衛渡しバス停
徒歩2分
❺ 甚兵衛公園
徒歩32分
❻ 薬師寺
徒歩64分
ゴール 京成 成田スカイアクセス線 成田湯川駅

徒歩時間の目安 2h48min
徒歩距離の目安 約8.4km

宗吾参道

義民・宗吾の伝説が残る

② 旧《きゅう》東《とう》勝《しょう》寺《じ》跡《あと》地《ち》

東勝寺は、桓武天皇時代に征夷大将軍だった坂上田村麻呂が、房総平定の際に、戦没者供養のため建立したといわれている。その東勝寺の創建の地は、現在「大日山の塔ノ下」と呼ばれ、石仏と供養塔がある。

●成田市台方861・5

③ 麻《ま》賀《か》多《た》神社《じんじゃ》

周辺一体の鎮守として信仰を集めている、印旛郡市の麻賀多十八社の惣社。台方の本社（台方社）から北方1kmの場所にあるのが、奥宮の船形社。印旛《いんば》国造《くにのみやつこ》であった伊都許利命《いつこりのみこと》が創始したといわれており、平安時代の古書『延喜式』にも記載されているほど由緒がある。境内は県天然記念物の「麻賀多神社の森」で、本殿左奥にある樹齢1300年以上の大杉は、東日本一の大きさ。霊験あらたかなパワースポットとして知られている。

●成田市台方1

④ 宗《そう》吾《ご》旧宅《きゅうたく》

宗吾霊堂の本尊である佐倉宗吾（木内惣五郎）が住んでいた。約400年も前に建てられた「かのこ建て」という、土台がなく丸石の上に柱をのせる建築様式の屋敷だ。かつては茅葺き屋根だったが、40年ほど前に現在のトタン板に替えられた。宗吾亡き後も、代々、木内家の子孫が住んで屋敷を守り続けており、現在でも、木内氏が在宅であれば内部見学を受け入れてくれる。手入れ

宗吾が使ったとされる「椿井」

見どころギャラリー

② 旧東勝寺跡地

石仏がひっそりと佇む

④ 宗吾旧宅

代々子孫によって守られている

③ 麻賀多神社

歴史を感じさせる拝殿

が行き届いた、歴史を感じる屋敷内で、宗吾をしのびたい。

●成田市台方569

5 甚兵衛公園《じんべえこうえん》

甚兵衛公園は、千葉県立印旛手賀自然公園の一部に位置している。四季折々の花を楽しむことができ、特に花畑が名所。春は菜の花、秋にはコスモスが一面に咲き誇る。「甚兵衛」とは、宗吾が江戸へ直訴に行く際に、自らの命をかえりみずに渡し舟を出し、印旛沼に身を投じたと伝わる舟守の名。沼の岬には甚兵衛の供養塔がある。甚兵衛大橋を渡ると、サイクリングコースや大型遊具があり、家族そろって楽しめる。

●成田市北須賀1626

子ども用の遊具もある

6 薬師寺《やくしじ》

薬師如来を本尊とする、真言宗の寺院。本堂に安置されている木造薬師如来坐像は、鎌倉時代のものとされ、県指定有形文化財。宗吾霊堂霊宝殿に展示されている梵鐘には「下州印東庄八《かしゅういんとうのしょうやつ》代郷《しろごう》船方薬師寺」と刻まれており、同寺のものだといわれている。

●成田市船形219

宗吾参道

義民・宗吾の伝説が残る

佐倉の農民のために命を張った義民・佐倉宗吾の伝説

佐倉惣五郎(本名・木内惣五郎)は、下総国佐倉藩で藩主・堀田氏の年貢の重圧から農民を救うため、4代将軍・徳川家綱に直訴した。訴えは聞き入れられたが、惣五郎だけでなく息子もともに処刑されたというのが定説。実在していた人物かどうか諸説あるが、通称「宗吾」と呼ばれ、現在でも歌舞伎上演などで義民伝説が後世に伝わっている。

6 薬師寺

立派な山門をくぐり、階段を登って本堂へ

5 甚兵衛公園

秋にはコスモスが一面に咲き乱れる

房総のむらの「商家の町並み」

COURSE 06

龍角寺

龍神伝説を地名にとどめる

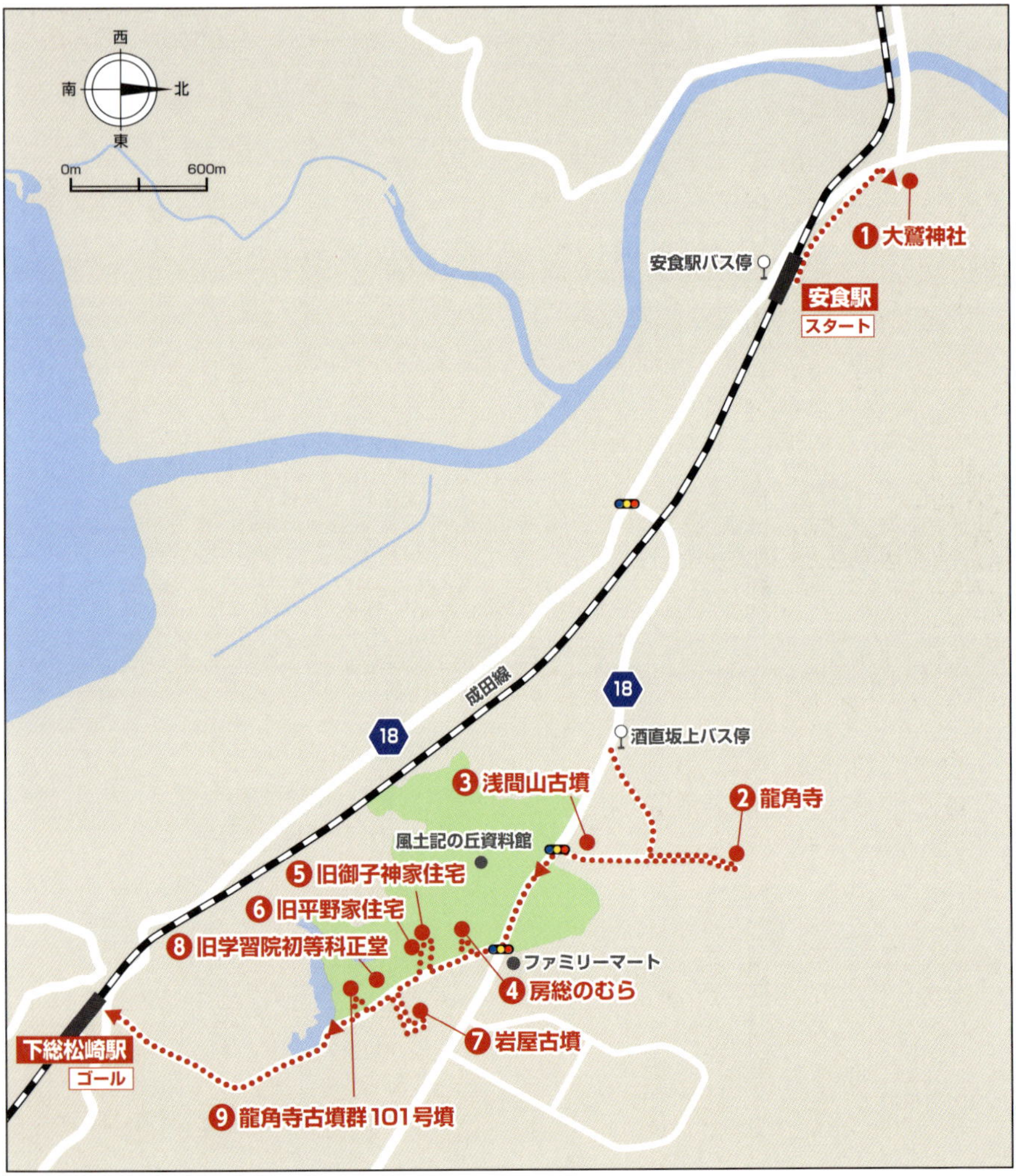

◆古墳時代
◆飛鳥時代
◆江戸時代
◆明治時代

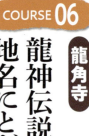

龍角寺
龍神伝説を地名にとどめる

龍角寺エリアの魅力

龍が一夜にして建立したといわれている龍角寺は、関東屈指の古寺。そんな伝説を持つ歴史ある寺を地名に残すエリアは、古墳時代から昭和までの時代をまたいだ、由緒ある建物やスポットを周遊することができ、千葉に残る文化や歴史に触れられる。

スタート JR成田線 安食駅
- 徒歩17分
- 1 大鷲神社
- 徒歩17分
- 安食駅バス停
- バス（千葉交通安食イオン線・安食線・竜角寺台車庫行き）
- 酒直坂上バス停
- 徒歩14分
- 2 龍角寺
- 徒歩8分
- 3 浅間山古墳
- 徒歩17分
- 4 房総のむら
- 徒歩2分
- 5 旧御子神家住宅
- 徒歩1分
- 6 旧平野家住宅
- 徒歩10分
- 7 岩屋古墳
- 徒歩5分
- 8 旧学習院初等科正堂
- 徒歩3分
- 9 龍角寺古墳群（101号墳）
- 徒歩32分

ゴール JR成田線 下総松崎駅

徒歩時間の目安 2h06min
徒歩距離の目安 約6.3km

1 大鷲神社《おおわしじんじゃ》

急傾斜の「男坂」もしくは緩やかな「女坂」と上ると、大鷲神社に辿り着く。天乃日鷲尊《あまのひわしのみこと》を祀り、徳川家3代将軍・家光の乳母だった春日局が崇敬していた神社で、春日局が奉納したといわれる金色の鷲が保存されている。天保2年（1831）に築造された本殿には、細かく美しい彫刻が装飾されており、その中でも「琴を奏でる彫刻」は、毎年12月の酉の市で歌う歌手を応援する不思議な力があると特に有名。境内には「魂生神社」「合体椎の木」「子授けの大樹」など、子授けや縁結びを祈願できるスポットが多く、遠方からも参拝に訪れる。

●印旛郡栄町安食3620

堂々とした拝殿

2 龍角寺《りゅうかくじ》

和銅2年（709）に、天からやってきた竜女が一夜にして建立したという伝説を持つ。発掘調査の結果、関東屈指の古い寺であることがわかった。幾度も火災があったために、創建当時の建物は現存しない。本尊の薬師如来坐像は、県内最古の白鳳仏で、国指定重要文化財。頭部より下が火災で焼失

龍角寺
龍神伝説を地名にとどめる

してしまったが、江戸時代に補修されたようだ。ほかにも、境内から出土した奈良時代前期の遺物は千葉県文化財として指定されている。「不増・不滅の石」といわれる直径2mほどの花崗岩は、国指定史跡。これは塔の心礎（塔中央部の柱の基礎）であり、三重塔が建っていたと考えられている。

●印旛郡栄町龍角寺239

3 浅間山《せんげんやま》古墳《こふん》

6世紀前半から造営が始まった龍角寺古墳群に属し、最後に築造されたとされる前方後円墳。古墳群内最大の墳丘長78mで、国指定の史跡である。関東最大級の7mの横穴式石室をもち、その石室内からは金銅製冠飾や金銅製装身具、金銅製馬具、金装飾り弓などが出土した。発掘調査によって、最末期の前方後円墳であることが判明し、浅間山古墳より後は、前方後円墳から大型方墳が築造されるようになった流れがあるといわれている。見学に危険な時期もあるため、見学の際には、栄町観光協会または栄町役場産業課に確認しよう。

4 房総《ぼうそう》のむら

県立「房総のむら」は、房総の伝統的な生活様式を学べる体験博物館。51haもの敷地は、印旛郡栄町と成田市にまたがっており、ふたつのエリアに分かれている。有料の「ふるさとの技体験エリア」では、旧武居家をモデルにした武家屋敷や、上総・下総・安房それぞれの農家など、伝統的な工法を用いてリアルに再現している。見学だけでなく、茶道や甲冑試着などの体験も可能。また、江戸～明治時代の町屋を再現した街並みでは、16軒の商家が

見どころギャラリー

2 龍角寺

礎石が残る境内

3 浅間山古墳

後円部には浅間社が祀られる

2 龍角寺

境内にあった三重塔の心礎

立ち並び、展示見学のほか、各店に関連する実演や製作体験ができ、お土産として持ち帰ることもできる。代表的なプログラムは、そば打ち、染めもの、御朱印帳製作など。当日体験が可能なプログラムもあるため、興味のある体験はぜひ参加しよう。もうひとつの「歴史と自然を学ぶ風土記の丘エリア」では、国指定重要文化財の「旧学習院初等科正堂」と「旧御子神家住宅」、県指定有形文化財「旧平野家住宅」を無料開放。また、龍角寺古墳群の全115基のうち78基が房総のむら内に保存されており、国内最大級の方墳「岩屋古墳」もある。古墳群から出土した遺物は「風土記の丘資料館」に展示されている。

●印旛郡栄町龍角寺1028／9～16時30分／月曜(祝日の場合翌日)、年末年始休み／ふるさとの技体験エリア一般300円

5 旧《きゅう》御《み》子《こ》神《がみ》家《け》住宅《じゅうたく》

農業を営む御子神家の住宅として安永8年（1779）～9年（1780）に建てられた、安房地方の典型的な直《すご》屋《や》型の民家。直屋型住宅とは、座敷と土間の屋根がひとつなぎになっている建物のこと。もともと旧・安房郡丸山町に建てられていたが、昭和48年（1973）に「房総のむら」内へ移築された。保存状態が非常によく、当時の一般民家のつくりがよくわかる数少ない建築物のため、国の重要文化財としても指定されている。建築当時の費用について書かれた「普請入用覚帳」、屋根をふきかえるときの記録「屋根替覚帳」が保存されており、18世紀後半～19世紀の建築資料として大変貴重だ。

●成田市大竹1451／9～16時30分／月曜(祝日の場合翌日)、年末年始休み

龍角寺
龍神伝説を地名にとどめる

5 旧御子神家住宅

中規模農家の家を移築保存

4 房総のむら

4 房総のむら

中級武士の屋敷がモデル

安房の農家の様子を再現した

龍角寺

龍神伝説を地名にとどめる

6 旧《きゅう》平野《ひらの》家《け》住宅《じゅうたく》

寛延4年（1751）に建てられたといわれる、名主の旧家。富津市亀沢から、「房総のむら」内へ移築され、県有形文化財に指定された。約58坪もの建坪は、当時の農家建築としては最大級。長い廊下や、広々とした茶の間、豪華な来客用の客座敷など、名主の生活が垣間見える立派な造りは、非常に興味深い。

内部の様子も見学できる

●成田市大竹1451／9～16時30分／月曜（祝日の場合翌日）、年末年始休み

7 岩屋《いわや》古墳《こふん》

岩屋古墳は、龍角寺古墳群に属する国指定史跡の方墳（105号古墳）で、「房総のむら」に保存されている。岩屋古墳からは遺物はいまだ出土されていないため、正確な築造時期については諸説あるが、7世紀前半説と中頃説が有力。3段からなる墳丘は、一辺78m、高さ約13mもあり、この時期の方墳としては最大級、大阪府にある春日向山古墳（用明天皇陵）をしのぐ規模で、奈良県橿原市の舛山古墳に次ぐ国内2番目の大きさだ。周囲には二重の堀がめぐらされ、南面には横穴式石室が2基並んでいる。

8 旧《きゅう》学習院《がくしゅういん》初等科《しょとうか》正堂《せいどう》

明治32年（1899）に東京市四谷区（現・東京都新宿区）に建てられたが、昭和12年（1937）に正堂を新築することになり、印旛郡遠山村（現・成田市）に移築された。小・中学校の講堂として利用されたあと、国重要文

見どころギャラリー

7 岩屋古墳

3段に盛られた墳丘を持つ

6 旧平野家住宅

名主の農家が住んだ住居

化財として指定され、昭和50年（1975）に「房総のむら」内に移築。明治時代の学校建築物の中でも、講堂建築は数が少ないため貴重だ。西洋建築のデザインを取り入れつつ、日本の伝統的な木造建築の技術で造られた建物は、水色の柱や塗装が白壁に映える、シンプルながらもデザイン性の高い外観。内部も見学可能で、趣のあるおごそかな雰囲気を味わうことができる。

明治期の数少ない講堂建築

●成田市大竹1451／9～16時30分／月曜、年末年始休み

9 龍角寺《りゅうかくじ》古墳群《こふんぐん》

印旛郡栄町と成田市にまたがる下総台地に、6世紀前半から7世紀にかけて造営されたとされる多くの古墳群で、現在115基が確認されている。そのうち78基は「房総のむら」内にあり、歴史を感じながら散策することができる。中でも第101号古墳では、発掘調査の結果に基づいて、はにわの位置を復元。ずらりと並んだはにわの姿は見ごたえがある。古墳群は、前方後円墳、円墳、方墳からなり、その大半は小型の円墳だ。しかし、7世紀前半以降は、浅間山古墳や岩屋古墳のような大型古墳が作られるようになった。これは、印旛沼周辺地域を統率する主導権が、公津原古墳群を造営した首長から龍角寺古墳群を造営した首長へと移ったことが理由と考えられている。前方後円墳の中でも最末期に作られたといわれる浅間山古墳のあとから、岩屋古墳のような方墳が造営されるようになったと考えられており、古墳の歴史の変遷を辿れる興味深い場所だ。

龍角寺
龍神伝説を地名にとどめる

9 龍角寺古墳群

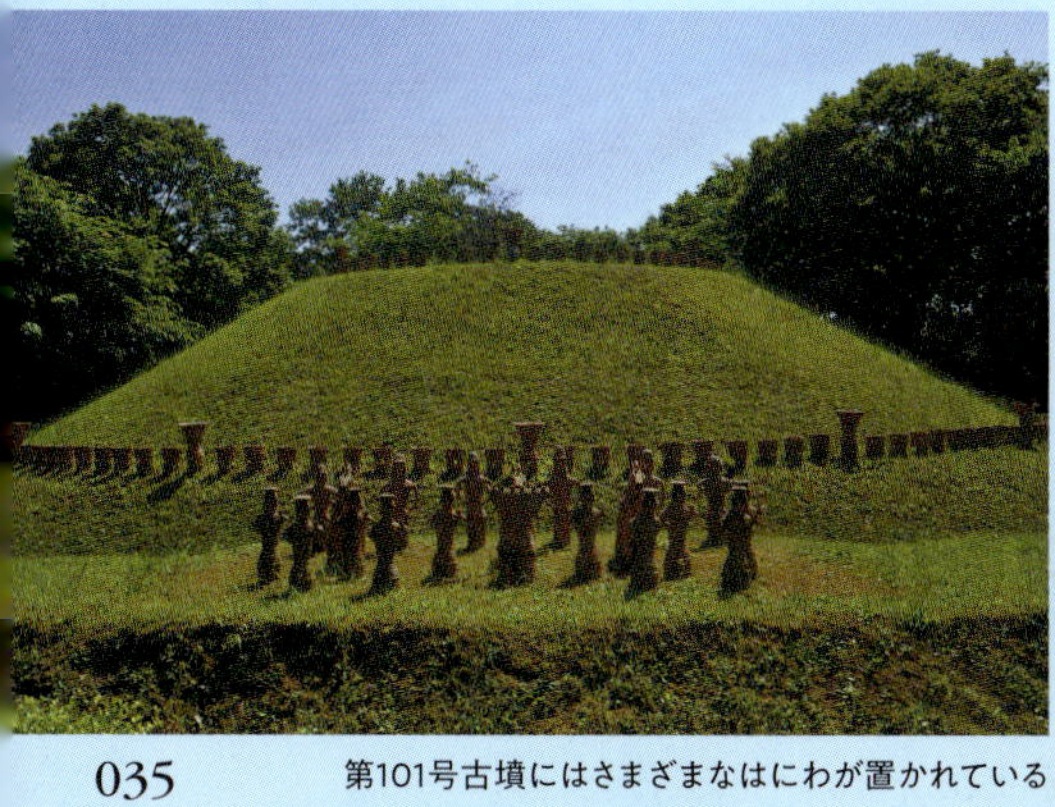
第101号古墳にはさまざまなはにわが置かれている

8 旧学習院初等科正堂

国の重要文化財に指定されている

COURSE 07

佐原 水運で発展した商人の地

小野川沿いに佐原の古い街並みが残る

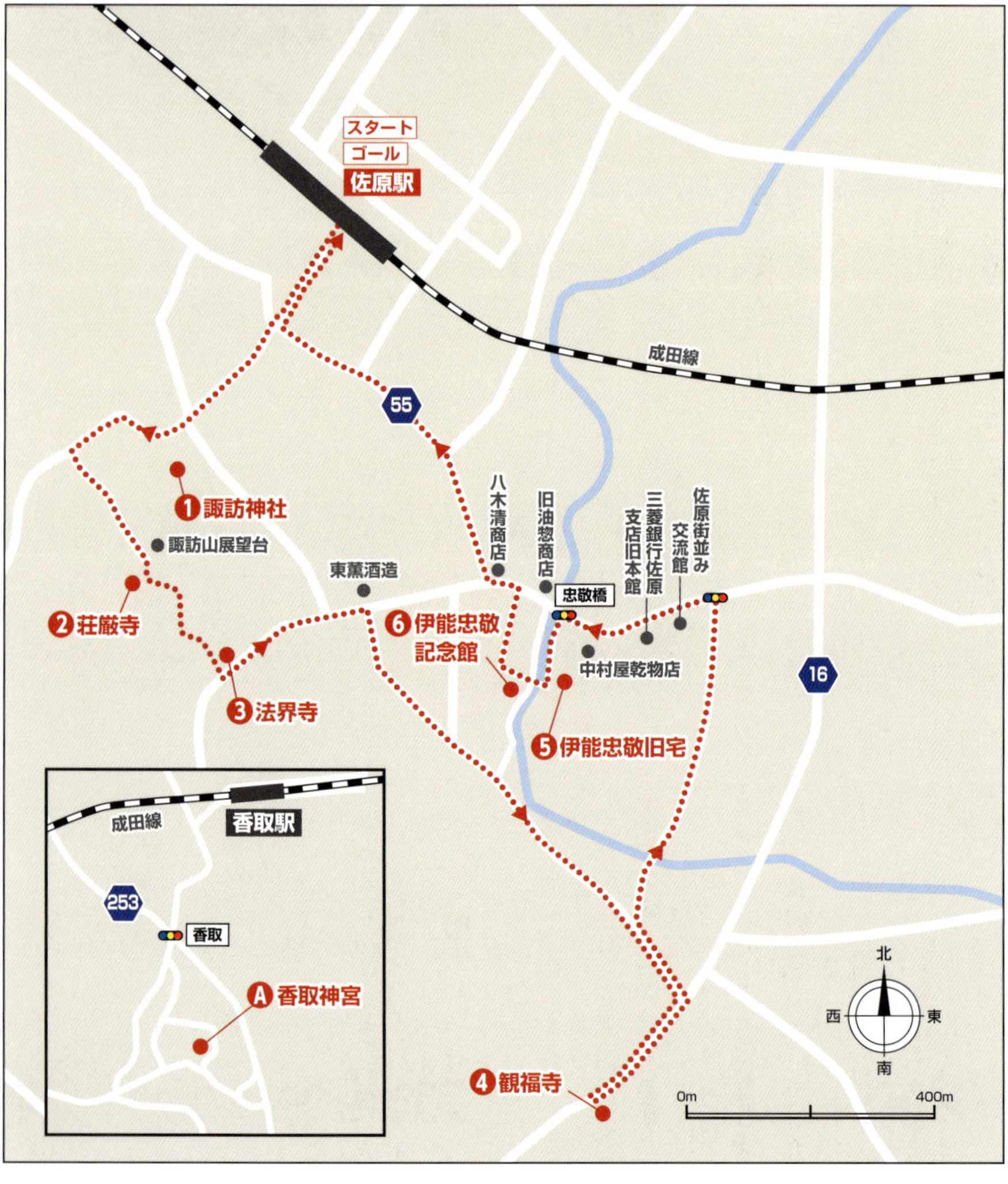

◆平安時代
◆安土桃山時代
◆江戸時代

佐原

水運で発展した商人の地

佐原エリアの魅力

戦国時代の水田開発で佐原に新宿が置かれ、江戸時代には利根川水運の中継地として発展し、商人の街として栄えた。古い建物が残り、江戸・明治・大正の時代にタイムスリップしたかのような気持ちになる。測量士・伊能忠敬が暮らした街でもあり、縁のある旧居や記念館も訪問したい。

スタート JR成田線 佐原駅
徒歩10分
① 諏訪神社
徒歩4分
② 荘厳寺
徒歩4分
③ 法界寺
徒歩24分
④ 観福寺
徒歩26分
⑤ 伊能忠敬旧宅
徒歩2分
⑥ 伊能忠敬記念館
徒歩24分
ゴール JR成田線 佐原駅

徒歩時間の目安 1h34min
徒歩距離の目安 約4.7km

① 諏訪神社《すわじんじゃ》

天正17年（1589）創建と伝わる、建御名方神《たけみなかたのかみ》を祭神とする神社。表参道を抜けると128段もの石段があり、上りきったところに、嘉永6年（1853）造営の本殿を構えている。境内には、金刀比羅《ことひら》神社や土盛《すなもり》稲荷神社などがある。ユネスコ世界無形文化遺産に登録された「佐原大祭」は、毎年10月の諏訪神社秋祭りと、7月の八坂神社祇園祭の総称。人形を飾った豪華な山車が曳き回され、多くの観覧客でにぎわう。

●香取市佐原イ1020-3

② 荘厳寺《しょうごんじ》

寛永18年（1641）開基といわれている荘厳寺は、真言宗の寺院。菅谷不動尊を祀り、平成27年（2015）に完成した頭部のみの大尊像は、「み首」「み標」「み験」の3つの意味で「みしるし不動尊」とも呼ばれる。また、国の重要文化財の十一面観音も安置。平安時代中期のものと推定されており、木彫仏では県内最古だ。

●香取市佐原イ1110

十一面観音立像を祀る

香取神宮の楼門

佐原 水運で発展した商人の地

3 法界寺《ほうかいじ》

天正11年（1583）開基と伝えられている、浄土宗の寺院。現在の本堂伽藍は享保元年（1716）から5年もの歳月を要して建立された。徳川家との縁が深い寺で、寺紋には徳川家家紋の「葵」が使われている。さらには、本堂の位牌檀に歴代将軍の位牌が祀られている。

●香取市佐原イ1057

4 観福寺《かんぷくじ》

寛平2年（890）開基といわれる真言宗の寺院で、大師堂に弘法大師像が安置されており、川崎大師・西新井大師とともに「関東厄除け三大師」と称されている。国の重要文化財として指定されている鋳造懸仏《かけぼとけ》4体は、明治時代の神仏分離令により香取神宮から移ってきたもの。伊能家の菩薩寺でもあり、伊能忠敬の墓もある。春の桜、秋の紅葉も見ものだ。

●香取市牧野1752

5 伊能忠敬旧宅《いのうただたかきゅうたく》

伊能忠敬が、江戸に天文・暦学を学びに出るまでの17歳～50歳まで住んでいた住居で、国指定史跡。忠敬が婿養子として伊能家に入ってから、酒造業や米穀売買を営んでいた時である。小野川に面して建ち、正面には「だし」と呼ばれる荷揚げ場があったが、現在は観光船の乗り場となっている。住宅は、平屋の商家造りで、母屋・店舗・土蔵という構成。母屋にある書院は、忠敬が設計したと伝わる。土

土間の東側には帳場と座敷がある

見どころギャラリー

4 観福寺

境内のしだれ桜が美しい

1 諏訪神社

128段という長い階段を登ると本殿がある

3 法界寺

広々とした境内の中央に本堂

蔵入り口の扉は、観音開きが普及する以前の引き戸形式で、市内でも貴重。

●香取市佐原イ1900・1／9～16時30分／年末年始休み

6 伊能忠敬記念館《いのうただたかきねんかん》

伊能忠敬旧宅の対岸にあるのが記念館だ。測量士として名高い忠敬だが、その功績は50歳以降の出来事であり、それまでは佐原の名主を務め、醸造業などを営んでいた。その忠敬の生涯を、「佐原時代」「全国測量」「伊能図の完成」という年代順にたどる。「大日本沿海輿地全図」の大図・中図・小図のほか、測量器具や測量日記など、貴重な資料が1000点以上も保存されている。

●香取市佐原イ1722・1／9～16時30分／月曜、年末年始休み／入館おとな500円

A 香取神宮《かとりじんぐう》

足をのばして

日本神話の経津主神《ふつぬしのかみ》を御祭神とし、古くから国家鎮護の神として皇室からの崇敬を受け、中世以降は下総国の一宮（そのエリアで最も位の高い神社）として人々から崇められてきた。全国にある香取神社の総本社でもある。国宝の海獣葡萄鏡を所有しているほか、国の重要文化財である本殿・楼門や狛犬をはじめ、国の有形文化財の香雲閣や拝殿・幣殿・神饌所など、多数の文化財を所蔵・所有。美しく保たれた建築物は、一見の価値がある。また、12年に1度の午年に開催される「式年神幸祭」は、800年以上もの歴史を持つ。氏子が平安時代さながらの装束で行列巡行し、色彩鮮やかな御座舟が水郷のまちをめぐる。

●香取市香取1697・1

A 香取神宮

拝殿は国の登録有形文化財に指定

A 香取神宮

御田植祭は4月に行われる

6 伊能忠敬記念館

外には伊能忠敬の像も

COURSE 08

市川 万葉の香りただよう街

伏姫桜と呼ばれる弘法寺の枝垂れ桜

市川エリアの魅力

大化改新を機に、中央の役人が諸国へ出向くようになる。現在の市川である下総国には、真間川の北の丘陵「国府台」に国府が置かれ、下総の政治、経済、文化の中心となった。鎌倉時代には、国府台を主戦場とした里見氏・北条氏の合戦が繰り広げられるなど、歴史に記録が残る地である。

スタート 京成本線 国府台駅
徒歩7分
① 市川関所跡
徒歩22分
② 弘法寺
徒歩26分
③ 下総国分尼寺跡
徒歩10分
④ 下総国分寺跡
徒歩12分
⑤ 郭沫若記念館
徒歩5分
⑥ 須和田公園
徒歩7分
⑦ 手児奈霊神堂
徒歩24分
⑧ 西洋館倶楽部
徒歩5分
市川真間駅バス停
バス（京成バス・松戸駅行き）
堀の内三丁目バス停
徒歩6分
⑨ 市川考古博物館
徒歩2分
⑩ 堀之内貝塚
徒歩10分
ゴール 北総線 北国分駅

徒歩時間の目安 2h16min

徒歩距離の目安 約6.8km

① 市川関所跡《いちかわせきしょあと》

現在の市川市と対岸の東京都江戸川区小岩との間には、奈良時代頃から小舟を用いて人や物資を運ぶ、〝渡し〟が存在した。太日川《ふといがわ》と呼ばれていた川は、利根川の分流として「江戸川」へと名称変更し、往来を監視するための関所が設けられたが、明治2年（1869）に廃止された。関所があった正確な場所は明らかではないが、江戸川の堤防の上に説明板を置き、往時をしのべる場所としている。明治の末頃の風景を描いた高浜虚子の『中山寺』や、伊藤佐千夫の小説『野菊の墓』の中には、この場所が「市川の渡し場」として登場する。

江戸川の堤防の上に建つ

② 弘法寺《ぐほうじ》

天平9年（737）、高僧・行基がこの地に立ち寄った際にある哀話を耳にした。⑦で紹介する悲劇の娘、手児奈の身の上を哀れんだ行基は小さな祠を建て、「求法寺《ぐほうじ》」と名付けたのが、同寺の始まりとされている。その後、弘仁13年（822）に弘法大師空海が七堂伽藍を再建。「弘法寺」と改称された。境内左手奥の大黒堂には、日蓮聖人にゆかりのある太刀大黒尊天がある。また、仁王門の右手前の推定樹齢400年といわれる枝垂桜「伏姫桜《ふせひめざくら》」が見事な枝ぶりを見せる。60段ほどある参道石段の中腹、下から27段目にある「涙石」も忘れずに見ておきたい。どんなに晴天が続いても常にしっとりと湿り、周りの石よりもひときわ黒ずんで見える不思議な石。石段を作る時の切腹騒動にまつわるなど、数々の伝説が残るが真の理由は定かではない。

●市川市真間4・9・1

③ 下総《しもうさ》国分《こくぶん》尼《に》寺《じ》跡《あと》

かの地に存在した国分尼寺の姿を求め、昭和8年（1933）に大規模な発掘調査を敢行。金堂と講堂が発見され、「尼寺」と書かれた墨書土器が出土したことによって、下総国分尼寺の位置が確定された。昭和42年以降の追加調査では、南北に金堂跡と講堂跡が並ぶこと、またそのほかの寺院関連施設の場所も特定が進み、遺構全体の配置がほぼ確定している。現在は国分尼寺跡公園となって、史跡の碑が建てられている。

●市川市国分4・17・1

④ 下総《しもうさ》国分《こくぶん》寺《じ》跡《あと》

天平13年（741）、聖武天皇が「国分寺建立の詔」を発布し、今光明四天王護国之寺（国分寺）と法華滅罪之寺（国分尼寺）を全国に建立させた。下総ではこの地に国分寺が建てられたが、現存する建物は当時のものではなく、江戸・明治時代以降の再建。発掘調査の結果、本堂下から金堂跡、その並びに七重塔の跡、さらに北側に講堂跡を確認。その伽藍配置は世界遺産で

見どころギャラリー

② 弘法寺

一尊四士霊像が安置される本殿

④ 下総国分寺跡

現在の国分寺の本堂の場所に金堂跡がある

③ 下総国分尼寺跡

石碑のほか、金堂跡などの基壇が残る

ある奈良の法隆寺と等しく、往時の壮大さが偲ばれるものである。かつてこの場所で活動していた、営繕や下働きの人がいた施設や、寺地を区画する溝なども見つかっており、見ごたえある遺跡となっている。

●市川市国分2・24、6、3・20・1

5 郭《かく》沫《まつ》若《じゃく》記《き》念《ねん》館《かん》

中国出身の文学者・歴史学者・政治家である郭沫若の資料館。明治生まれの郭沫若は、戦中戦後の激動の時代に、政治・文化の両面で中国と日本の架け橋として活躍。大正時代に日本に留学後、日本人女性と結婚した郭沫若は、知人の紹介で千葉県市川市に10年ほど居を構えていた縁で、当地に記念館が設立された。郭が家族と暮らした旧宅を復元移築した記念館は、当時の風情をそのままに残している。郭沫若の遺した歴史資料とともに、昭和初期の住まいの雰囲気を楽しめるスポット。

●市川市真間5・3・19／10～16時（入館は15時30分まで）／月～木曜、年末年始休み／入館無料

6 須《す》和《わ》田《だ》公《こう》園《えん》

弥生時代後期の遺跡を整備し、須和田公園として開放。南関東の弥生式土器としては最古のものとされる「須和田式土器」が発掘された。発掘調査では5棟の住居跡が発見され、布目瓦や文様瓦、文字を墨書きした土器などが出土した。公園の中央には須和田遺跡の碑の他に、日中友好協会名誉会長だった郭沫若の詩碑もある。桜の名所でもあり、園内にはバラ園もある。

●市川市須和田2・34

入口の三角のオブジェが目印

5 郭沫若記念館

郭沫若氏の旧宅を移築・復元した

4 下総国分寺跡

今の国分寺から少し離れた広場に国分寺跡の石碑がある

4 下総国分寺跡

現在の国分寺の南大門

7 手児奈《てこな》霊神堂《れいじんどう》

手児奈とは伝説上の美しい娘で、多くの男たちに求婚され諍いが起こったことに悩み、真間の入江に身を投げたという。翌日浜に打ち上げられた亡骸は手厚く葬られた。この哀話は多くの歌人によって歌にされ、万葉歌人の山部赤人も「われも見つ人にも告げむ葛飾の真間の手児奈が奥津城處《おくつきどころ》」と詠っている。お堂の北隣には日蓮宗の寺院「亀井院」があり、さらにその裏手には手児奈が水をくんだとされる井戸「真間の井」が残る。現在では真間の産土神《うぶすな》として信仰されている。

●市川市真間4・5・21／10～16時

8 西洋館《せいようかん》倶楽部《くらぶ》

赤い屋根に白いバルコニーが映える「西洋館倶楽部」は、大正時代の株の仲買人である渡辺善十郎によって昭和2年（1927）に建てられた。国の有形登録文化財に指定されており、玄関上のベランダや三角屋根、ステンドグラスなど、往時を思わせる内外装がノスタルジックで瀟洒な雰囲気を生み出している。現在は、善十郎の孫にあたる渡辺俊司氏により管理され、コンサート会場などに利用されている。

●市川市新田5・6・21

9 市川《いちかわ》考古《こうこ》博物館《はくぶつかん》

市川市内の遺跡から出土した、考古学資料を展示する博物館。隣接する堀之内貝塚から出土した縄文土器や石器、下総国分寺跡などで発見された瓦や墨書土器などを、先土器・縄文・弥生・古墳・奈良と平安の時代ごとに5室にわけて展示。房総半島の誕生から、律令制が崩壊するまでの歴史を、年代ご

見どころギャラリー

8 西洋館倶楽部

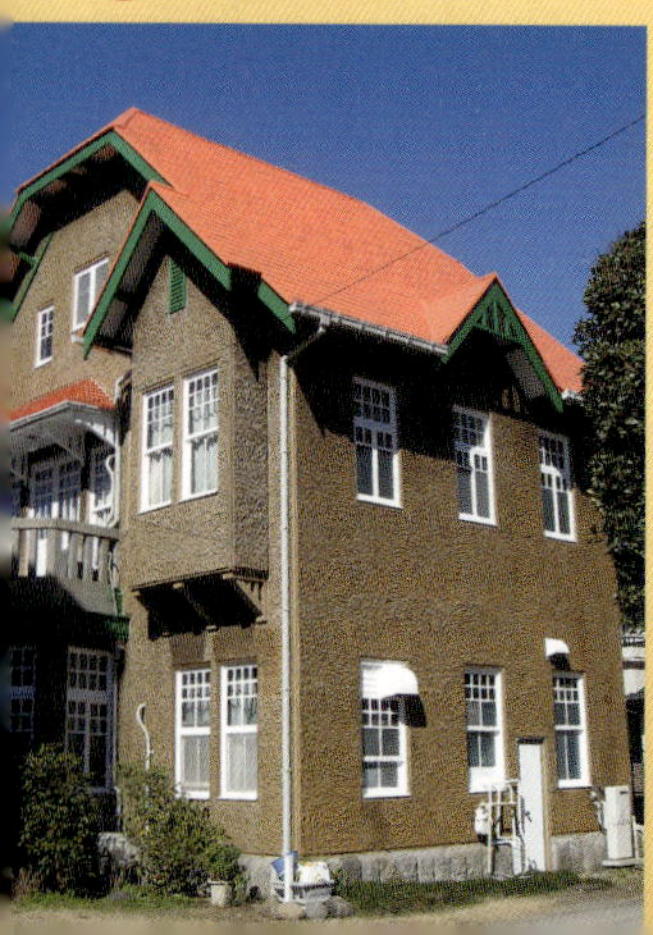

赤い三角屋根が印象的な建物

7 手児奈霊神堂

悲運の美女・手児奈を祀る

9 市川考古博物館

市川の古代の歴史を学べる

とに学ぶことができる。吹き抜け部分には天井からコククジラの骨格標本が吊られ、太古の昔、この辺りが海だったことを証明してくれている。

●市川市堀之内2・26・1／9～16時30分／月曜（祝日の場合翌日）、年末年始休み／入館無料

⑩堀《ほり》之《の》内《うち》貝塚《かいづか》

堀之内貝塚は、縄文時代後期から晩期にかけて形成された、東西約225m、南北約120mに渡る馬蹄型の貝塚である。縄文後期の堀之内式土器の、標式遺跡としても知られている。東京近郊の大規模貝塚として有名で、林の中にあり耕作や住民生活などの邪魔にならずに発掘できるため、古くから多くの考古学者の注目を集めてきた。周辺を歩くと、イボキサゴという小さく丸い巻貝をはじめ、ハマグリやアサリなどの貝殻が露出している様を確認することができる。さらに、貝塚の下からは竪穴式住居も発掘されている。

Ⓐ国府台古墳群《こうのだいこふんぐん》

足をのばして

国府台合戦の古戦場である里見公園には、土塁や空堀の跡とされる場所が点在。かの地には古代から集落があったとされ、古墳も多く存在した。公園裏山あたりにあったとされる明戸古墳《あけどこふん》は、全長40mの前方後円墳で、公園内の江戸川寄りの土塁上には、この明戸古墳の石棺が2基露出したまま雨ざらしとなっている。石棺は、古墳時代後期（6世紀後半）の箱式石棺であり、雲母片麻岩が用いられている。文明11年（1479）の太田道灌《どうかん》築城の際に、盛土が失われたとされている。周辺には、同じく前方後円墳の法皇塚古墳《ほうおうづかこふん》や弘法寺古墳《ぐほうじこふん》などが遺り、これらが集まって国府台古墳群を構成している。

Ⓐ国府台古墳群

法皇塚古墳

Ⓐ国府台古墳群

明戸古墳の石棺

⑩堀之内貝塚

貝殻が露出している場所も

COURSE 09

中山 多くの人の信仰を集めた

中山法華経寺の宝殿門

中山エリアの魅力

総武線下総中山周辺は、中山法華経寺の門前町として栄えた歴史あるエリアである。また、本八幡駅近くにある葛飾八幡宮を中心に発展したエリアも、史跡巡りが楽しめる。どちらも大きな社寺を有し、中世から多くの人々の信仰を集めてきた町で、落ち着いた雰囲気で魅力あふれる地だ。

❶ 中山法華経寺《なかやまほけきょうじ》

日蓮宗の開祖である日蓮聖人が、最初に開いた寺。日蓮の重要な遺跡であり、宗門史上の沿革を築いた「霊跡寺院」のひとつに位置づけられている。鎌倉時代、下総の豪族・千葉氏の家臣であった富木常忍は、日蓮に帰依し、時の幕府に『立正安国論』を提出したため、迫害を受けることとなった日蓮をかくまう。その際、常忍が自らの館に持仏堂を建てたのが、同寺の始まりとされている。境内には、重要文化財に指定されている建造物が数多く存在する。山門からすぐのところに立つ五重塔や、比翼入母屋造《ひよくいりもやづくり》が特徴の祖師堂、柿《こけら》葺きの四足門、法華堂などで、いずれも歴史の重みを感じさせる。祖師堂は昭和62年（１９８７）から解体修理が行われ、10年の歳月をかけて建立当初の姿に復元された。また同寺は、東京・雑司ヶ谷および入谷にある鬼子母神に加えて「江戸三大鬼子母神」の一神に数えられ、古くから安産・子授け・子育ての神様としての信仰も篤い。さらに「大荒行堂常修殿」で行われる荒行でも、広く知られている。厳寒の11月1日から100日間続く荒行は、国宝「観心本尊抄」や「立正安国論」が納められた大宝蔵の隣で行われる。

スタート JR総武線 下総中山駅
徒歩12分
❶ 中山法華経寺
徒歩8分
❷ 市川市東山魁夷記念館
徒歩38分
❸ 白幡天神社
徒歩20分
❹ 葛飾八幡宮
徒歩8分
ゴール JR総武線 本八幡駅

徒歩時間の目安 1h26min
徒歩距離の目安 約4.3km

葛飾八幡宮　参道の奥に随神門

中山

多くの人の信仰を集めた

いったん入ると修業が終わるまで“開かず”となる「瑞門」の門前を訪れ、厳しい修行に思いをはせてみるのもまた一興だ。

●市川市中山2・10・1

② 市川市《いちかわし》東山魁夷《ひがしやまかいい》記念館《きねんかん》

日本画家・東山魁夷の作品と資料を展示した記念館。1階は、遺品や愛読した書籍などの資料から、東山魁夷の一生涯を追体験できる展示コーナー。代表作である「白い馬のみえる風景」の連作誕生秘話など、魁夷の世界観を紐解くヒントがつまった見ごたえある展示が並ぶ。絵ハガキやオリジナルグッズを購入できるショップもある。2階には、日本画やスケッチ、リトグラフなどの作品を展示。ゆったりとしたレイアウトで、落ち着いて作品を鑑賞できる空間になっている。前述の「白い馬のみえる風景」全作品をリトグラフと複製画で紹介するコーナーは、必見。窓から緑と陽光が差し込むカフェレストランは、開放的で居心地が良くくつろげる。スイーツやコーヒーのほか、本格的なカレーやオムライスなどの食事メニューもあり。

●市川市中山1・16・2／10～17時（入館16時30分まで）／月曜（祝日の場合翌日）、年末年始休み／入館一般510円

③ 白幡天神社《しらはたてんじんしゃ》

高台から市川の地を見下ろすように鎮座し、地元では「白幡さま」と呼ばれ親しまれている。伝承によると、治承4年（1180）に源頼朝が安房の国において旗揚げをする際、この場所に真っ白な旗を掲げたというエピソードから、白幡天神社と名付けられたとされている。幕末から明治時代中期に

見どころギャラリー

① 中山法華経寺

春になると、桜と五重塔の美しい競演が見られる

② 市川市東山魁夷記念館

八角形の塔がある西洋風の建物

③ 白幡天神社

緑豊かな境内に社殿が建つ

かけて活躍した日本画家・柴田是真《しばたぜしん》が奉納した板絵も有名で、県の有形文化財に指定されている。拝殿に掲げられた社額は、勝海舟が揮毫したもの。さらに境内には、かの地を愛してたびたび訪れたとされる永井荷風と幸田露伴の文学碑もあり、東国の英雄たちから文人まで幅広くゆかりがある古社である。2000坪の境内は花木が多く、梅や桜の名所としても知られている。

●市川市菅野1・15・2

④ 葛飾八幡宮《かつしかはちまんぐう》

寛平年間（889～898）に宇多天皇の勅命を受け、京都の石清水八幡宮から分霊して建立。源頼朝、太田道灌、徳川家康らによって篤く信仰された。本殿のすぐ右にそびえるイチョウの巨木は「千本イチョウ」と呼ばれ、国の特別天然記念物に指定されている。樹齢1200年以上。多数の幹がからまりあって一本の木のように見えるさまは、『江戸名所図会』での中で「この樹のうろのなかにいる数万の小蛇が毎年祭礼のときに枝上にあらわれる」と記録されている。参道途中にある「随神門」や社殿前の「鐘楼」は、神仏習合の名残をありありと見てとることができ、こちらも一見の価値あり。

●市川市八幡4・2・1／8～16時30分

“市川の水”で描かれた、東山魁夷の絵画作品

20世紀を代表する日本画家の東山魁夷は、市川市と非常にゆかりの深い人物だ。昭和20年（1945）の終戦後すぐから、90歳で逝去する平成11年（1999）まで半世紀にわたって市川市に居住し、数々の作品を創りあげた。「私の戦後の代表作は、すべて市川の水で描かれている」との言葉を遺した魁夷。市川の地で育まれた独自の感性は、深い静謐さを秘めた画風の中に今なお生き続けている。

市川市東山魁夷記念館では魁夷の貴重な作品を展示

④ 葛飾八幡宮

時の権力者にも信仰を集めた

④ 葛飾八幡宮

見た者は幸福になるという「千本イチョウ」

COURSE 10

行徳・浦安
幕府の領地だった元漁師町

旧宇田川家住宅

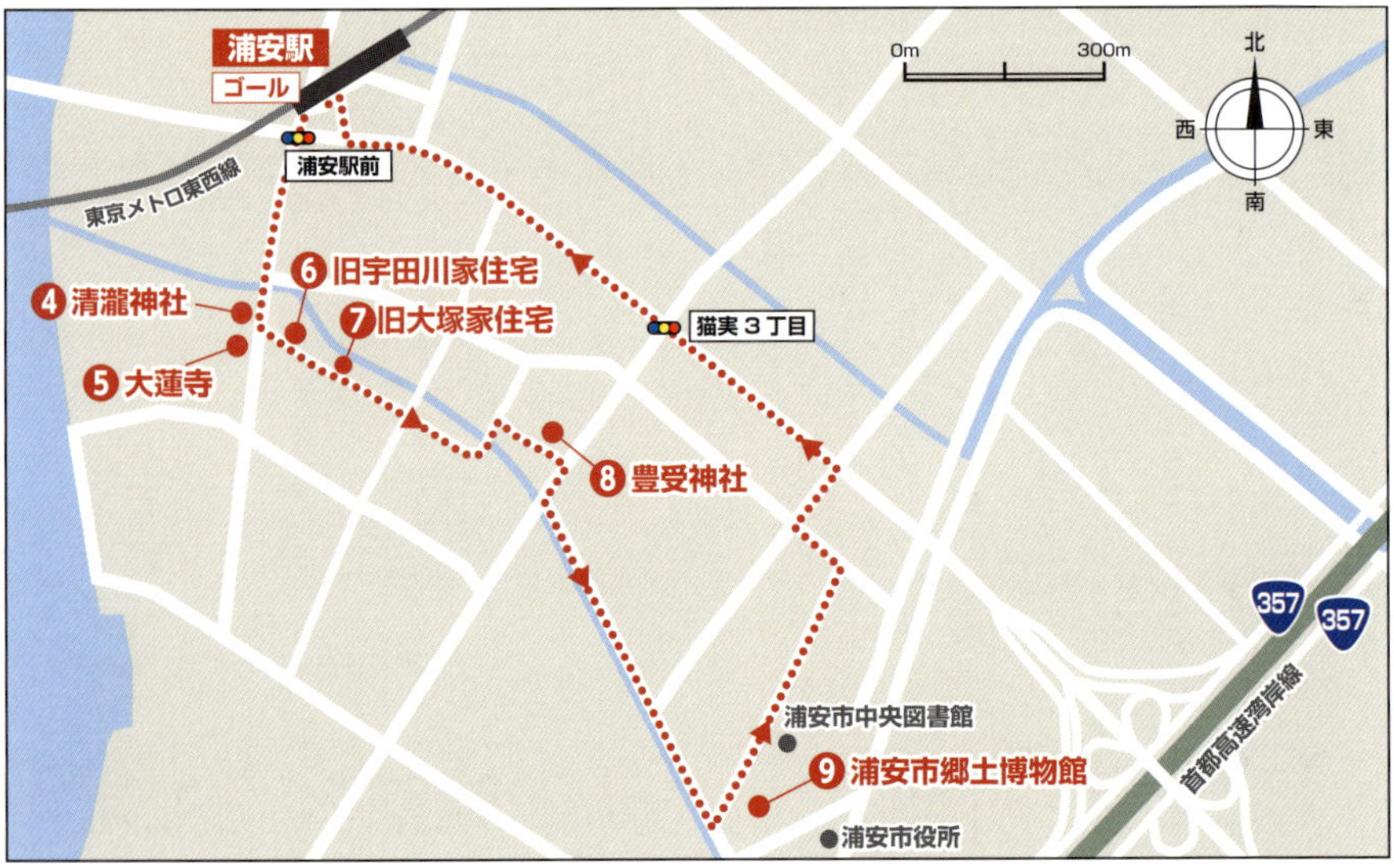

行徳・浦安
幕府の領地だった元漁師町

行徳・浦安エリアの魅力

市川市行徳と浦安市は、ともに舟運で栄えた古い漁師町。良質な塩の産地でもあったこの一帯は、幕府に塩を納める「天領」として重宝された。塩を運ぶための運河が徳川家康によって開削され、乗合船が本行徳と日本橋間を往来した。江戸の発展とともに栄えた活気あふれるエリアだ。

スタート 東京メトロ東西線 妙典駅
徒歩10分
1 徳願寺
徒歩4分
2 法善寺
徒歩12分
3 本行徳の常夜灯
徒歩18分
妙典駅
電車（東京メトロ東西線）
浦安駅
徒歩8分
4 清瀧神社
徒歩5分
5 大蓮寺
徒歩6分
6 旧宇田川家住宅
徒歩1分
7 旧大塚家住宅
徒歩12分
8 豊受神社
徒歩18分
9 浦安市郷土博物館
徒歩34分
ゴール 東京メトロ東西線 浦安駅

徒歩時間の目安 2h08min
徒歩距離の目安 約6.4km

1 徳《とく》願《がん》寺《じ》

「行徳千軒寺百軒」（行徳の千軒の家のうち、百軒は寺の意）といわれたほど、行徳は寺が多い土地。東京メトロ東西線妙典駅から旧江戸川に向かう通りは「寺町通り」と呼ばれ、中でも著名なのが徳願寺である。慶長15年（1610）、徳川家康の帰依により〝徳〟の字をいただいて開山された名刹。本尊の阿弥陀如来像は、源頼朝の妻・政子が見た悪夢を祓うため、運慶に命じて彫らせたとされ、「政子の念持仏」とも呼ばれている。寺宝も多く有し、とくに有名な宮本武蔵の落款がある書や八方にらみの達磨の絵、円山応挙《まるやまおうきょ》の幽霊画などは、毎年11月16日に開かれる「お十夜」に一般公開される。

●市川市本行徳5・22

2 法《ほう》善《ぜん》寺《じ》

慶長5年（1600）、大坂からこの地をおとずれた宗玄和尚によって創建された寺。宗玄和尚は西国で盛んだった製塩法を村人たちに教え、行徳を一大製塩地へと変えた功労者でもある。同寺は、行徳塩の発祥の地として「塩《しょ》場寺《ばでら》」の愛称で親しまれた。本堂前には松尾芭蕉の句「うたがふな潮の華も

行徳・浦安
幕府の領地だった元漁師町

浦の春」が刻まれた句碑、「潮塚」がある。これは、芭蕉の百回忌にあたる寛政9年（1797）に、行徳の俳人戸田麦丈らが建立したものだ。境内の庭には野趣あふれる四万十川の巨石が配され、多くの花木に彩られた緑豊かな古刹だ。

●市川市本塩1・25

3 本行徳《ほんぎょうとく》の常夜灯《じょうやとう》

天正18年（1590）に江戸に入府した徳川家康は、行徳産の塩を江戸に運ぶため、小名木川と新川の二本の運河を開削。これらの水路は、行徳の地と江戸とを結ぶ重要な航路として発展した。寛永9年（1632）、幕府は行徳河岸から日本橋小網町までの水路に「行徳船」と呼ばれる船を通すことを許可し、その航路の独占権を本行徳村へ与えた。この政策によって、古くから漁師町であった行徳が流通の一大拠点へと発展する。当時の繁栄をしのばせる代表的な遺構が、この「本行徳の常夜灯」だ。船の航路が成田山参詣客でにぎわっていた文化9年（1812）、航路安全を祈願して成田山に奉納されたもので、高さは実に4．31m。今なお堂々たる姿を誇っている。時代は下り、平成21年（2009）に旧江戸川河口の堤防強化のモデルとして、常夜灯公園が完成。以前は堤防の下にあった常夜灯は、免震装置を備えられ、堤防上に移設されている。

4 清瀧神社《せいりゅうじんじゃ》

海の神である大綿積神《おおわたづみのみこと》を祀り、海路安全、漁業繁栄などにご利益がある。建久4年（1196）の創建とされるが、定かではない。正面に鎮座する本殿は、昭和57年（1982）に市の有

見どころギャラリー

3 本行徳の常夜灯

旧江戸川の川沿いに建つ

1 徳願寺

彫刻が施された楼門

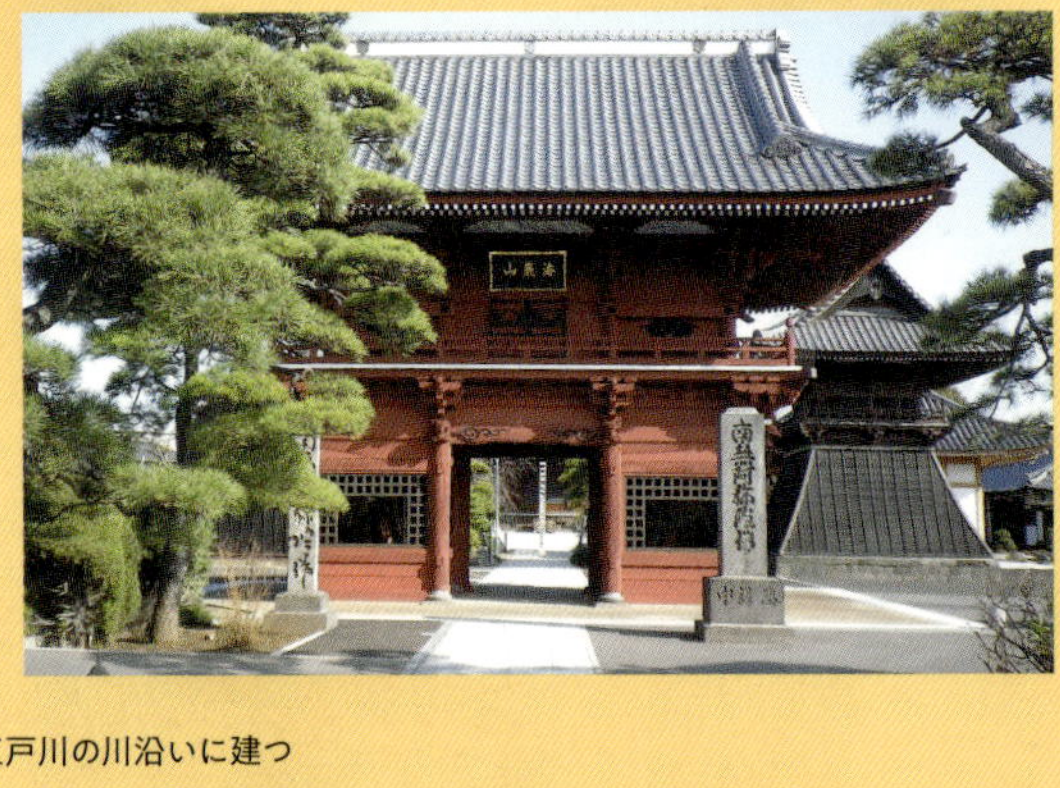

形文化財に指定。木造三間社流造りで、龍や浦島太郎、竜宮城などの精緻な彫刻は見ごたえがある。この本殿は安政2年（1855）の造営で、材料のケヤキの大木を上総国から買い占め、名うての棟梁であった肥前松五郎が腕をふるったとの記録がある。境内にある「堀江水準標石」は、明治5年（1872）にオランダ人技師リンドによって設置された。近代日本の最初の水準測量標石のひとつで、今日でも江戸川・利根川水位の基準となっている。

●浦安市堀江4・1・5

5 大蓮寺《だいれんじ》

同寺は天文13年（1544）に小田原から行脚してきた、覚誉存栄上人が創建。江戸もそれほど開けてはいなかった創建当時、この地はほそぼそと漁業を営む寒村であった。集落の外れを流れる境川沿いのお堂に祀られていた勢至菩薩像《せいしぼさつぞう》の見事さに、覚誉上人は驚かされる。名僧・行基大僧正が彫ったその菩薩像を奉るため、上人は小田原の自寺と同じ名を付けた大蓮寺を創建したという。勢至菩薩像《せいしぼさつぞう》は火災などの災禍をくぐりぬけ、現在でも同寺の開山堂にその姿をとどめている。安産祈願のお参りに、多くの参拝客が足しげくおとずれる名刹だ。「黒門」と呼ばれる黒塗りの裏門は、江戸の黒田藩の馬場入口にあったものを移築した、300年以上の歴史がある門だ。

●浦安市堀江4・14・2

6 旧《きゅう》宇《う》田《だ》川《がわ》家《け》住宅《じゅうたく》

東京メトロ東西線が開通する前、昭和30年代までは映画館もあるような一大繁華街だった「堀江フラワー通り」。この通りに面して建つ2階建ての古民

5 大蓮寺

長い参道の途中に表門がある

4 清瀧神社

鳥居をくぐると
正面に拝殿

4 清瀧神社

拝殿の横側に彫刻がある

幕府の領地だった元漁師町

家が、旧宇田川家住宅だ。かつては米屋、油屋、雑貨屋、呉服屋などを営んでいた商家で、通りに面して店舗部分が残り、裏手が住居になっている。明治2年（1869）に建てられ、江戸近郊の「商家建築」の姿を今なお残す、貴重な民家遺産である。建築年代が明らかになっている民家としては、市内で最古のもの。昭和57年（1982）に市の有形文化財に指定され、59年から一般公開されている。

●浦安市堀江3・4・8／10時～16時／月曜（祝日の場合翌日）、祝日の翌日、年末年始休み／入館無料

7 旧《きゅう》大塚《おおつか》家《け》住宅《じゅうたく》

旧宇田川家住宅から路地を入り、境川沿いにたたずむ旧大塚家住宅。農業と漁業を兼業していた家で、建築構造と様式の特徴などから、江戸時代末期に建てられたとされている。平成14年（2002）に県の有形文化財に指定。川から直接漁に出ていたと考えられ、川に面して広々とした作業スペースとなる土間を有している。また屋根裏には玄関と土間の天井から上がれるようになっており、洪水などの際に避難したり、家財道具を移したりしていたようだ。たび重なる水害に備えた、先人たちの工夫が凝らされた旧家である。

●浦安市堀江3・3・1／10時～16時／月曜（祝日の場合翌日）、祝日の翌日、年末年始休み／入館無料

8 豊受《とようけ》神社《じんじゃ》

無病息災、延命長寿、衣食住の神「豊受姫大神《とようけひめのおおかみ》」を祀る神社で、保元2年（1157）の創建といわれる浦安市最古の神社。永仁元年（1293）の大津波や嘉永3年（1850）の風水害など、繰り返される自然災害で社殿は失われ、そのたびに再建されてき

見どころギャラリー

9 浦安市郷土博物館

戦後の浦安の街並みを再現した屋外展示場

7 旧大塚家住宅

茅葺屋根を持つ木造平屋建ての建築

8 豊受神社

銅板葺の見事な拝殿

た。現在の社殿は昭和49年（1974）に建てられたもの。本殿横には氏子一同が築いた富士塚があり、浅間神社が祀られている。市の天然記念物に指定されている大イチョウは、樹齢400年近い古木。

●浦安市猫実3・13・1

9 浦《うら》安《やす》市《し》郷《きょう》土《ど》博《はく》物《ぶつ》館《かん》

昭和46年（1971）に漁業権を全面放棄して以降、ベイエリアの複合都市として発展してきた浦安市。漁師町であった記憶を次世代に継承する目的で、平成13年（2001）に郷土博物館が開設された。展示のみにとどまらず、べか舟と呼ばれる海苔採り舟の乗船や、海苔すきなどができる〝体験型〟の博物館。昭和27年（1952）頃の町並みを実物大で復元した屋外展示場「浦安のまち」では、船宿、漁師の家、海苔製造場、タバコ屋などが建ち並び、昭和のレトロな雰囲気を満喫できる。博物館1階にあるカフェレストラン「すてんぱれ」（浦安の方言で抜けるようにカラッとした晴天の意）では、名物のアサリを使ったメニューがいただける。

●9時30分～17時（入館は16時30分まで）／月曜（祝日の場合翌日）、館内整理日、祝日の翌日、年末年始休み／入館無料

天明の三義人

漁場をめぐって争った、3漁師の義勇が語り継がれる

豊受神社に隣接する花蔵院の境内に、「公訴貝猟願成の塔」がある。「天明の三義人」を称えるこの塔の建立は、天明の時代に遡る。浦安と船橋の漁師が漁場の境界をめぐって争い、評定所に訴えたのが天明2年（1782）のこと。浦安の漁師3名は直訴するが、解決しないまま獄死や病死。遺された漁師仲間は結束し、勝訴をもぎ取ったという。3人の義勇は今も語り継がれ、石塔には献花が絶えない。

9 浦安市郷土博物館

漁師町だった浦安の歴史が学べる

COURSE 11

船橋

街道が交わる かつての要所

◆縄文時代
◆平安時代
◆鎌倉時代
◆室町時代
◆江戸時代
◆明治時代

緑に囲まれた船橋大神宮

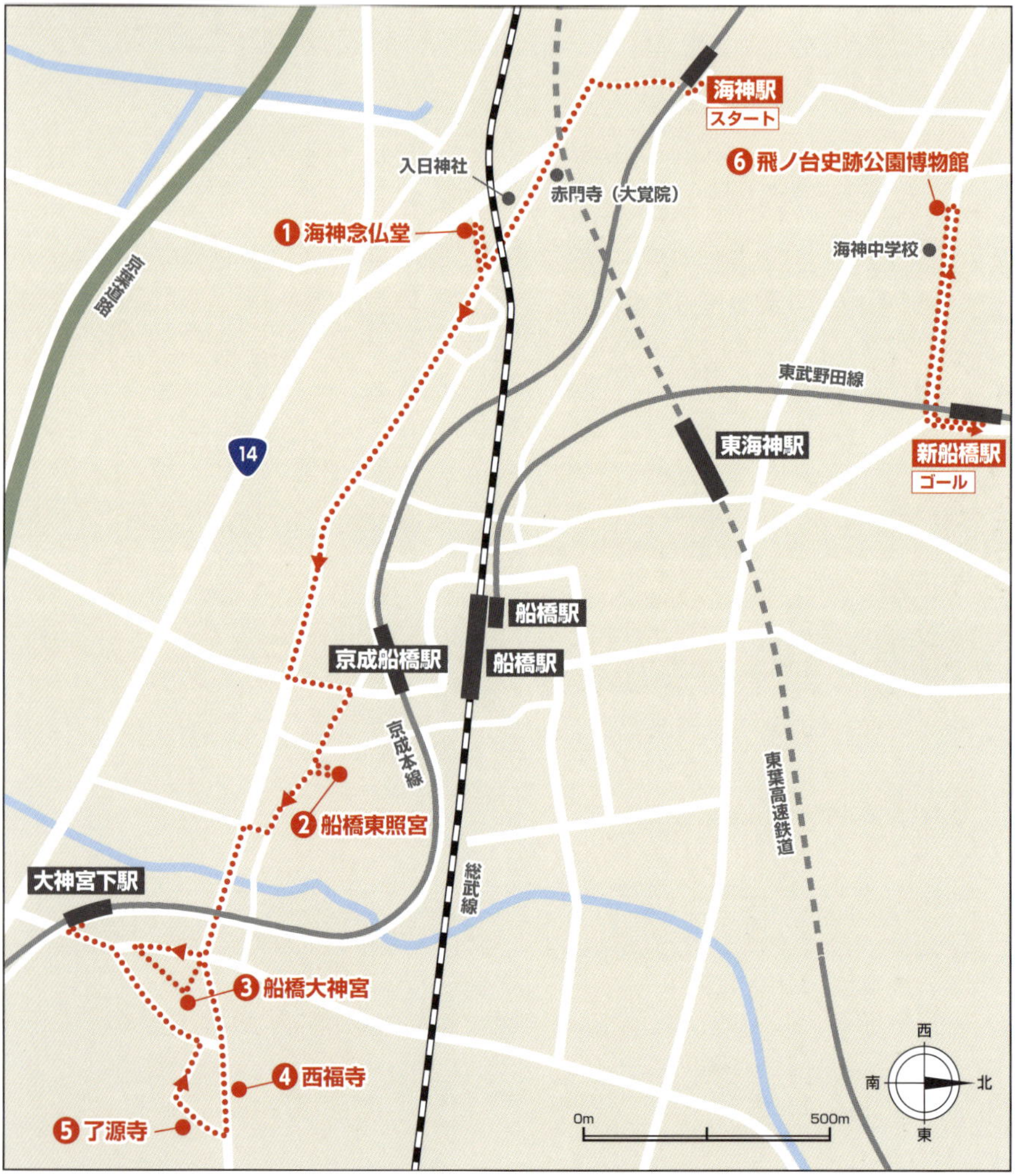

街道が交わるかつての要所

船橋エリアの魅力

古くから交通の要衝であった船橋宿には、戊辰戦争の面影が今なお色濃く残っている。成田山新勝寺への参詣道である「成田街道」が走り、さらに「東金街道」と「上総道」が交わる船橋宿には旧幕府軍の本陣が置かれ、新政府軍と衝突。江戸城無血開城後、南関東地方における最初の激戦地となった。

スタート 京成本線 海神駅
徒歩14分
1 海神念仏堂
徒歩22分
2 船橋東照宮
徒歩10分
3 船橋大神宮
徒歩13分
4 西福寺
徒歩5分
5 了源寺
徒歩12分
京成本線 大神宮下駅
電車（京成本線→東武野田線）
東武野田線 新船橋駅
徒歩12分
6 飛ノ台史跡公園博物館（飛ノ台貝塚）
徒歩12分
ゴール 東武野田線 新船橋駅

徒歩時間の目安 1h40min
徒歩距離の目安 約5.0km

1 海神念仏堂《かいじんねんぶつどう》

念仏堂の創立年代は不明だが、本尊の「本造阿弥陀如来立像」は平安時代末期に作られた寄木造りの傑作で、市の有形文化財に指定されている。高さ70㎝で端麗優美なこの像は、もともと当地の別な寺にあったが、寺が火災に遭遇。小金（現在の松戸市）の東漸寺に預けられていた像を、江戸神田の高麗屋佐次右衛門がもらい受け、念仏堂に納めたという逸話が残っている。観音堂裏の墓地には、戊辰戦争で戦死した新政府軍の志士と従者の墓碑がある。

● 船橋市海神1・17・16

2 船橋東照宮《ふなばしとうしょうぐう》

かつてこの地にあった船橋御殿は、鷹狩りに出かけた徳川家康の休息所として建てられたもので、2代将軍・秀忠も宿泊した記録が残る。御殿が廃止された後、同地は貞享年間（1684～88）に船橋大神宮神職の富氏にゆずられ、富氏が御殿跡地に家康を祀る東照宮を建立したとされる。現在の社殿は安政4年（1857）の再建で、昭和2年（1927）に修繕されたもの。

● 船橋市本町4・29・7

③ 船橋大神宮《ふなばしだいじんぐう》

天照大神を祭神とし、貞観5年（863）の「日本三大実録」にも「下総国意富比神《おおひ》」として記載があるほどの古社。明治以前は、船橋神明と称された。保延4年（1138）ごろ、この地には伊勢神宮領である夏見御厨《なつみのみくりや》（荘園の一種）が置かれ、水陸交通の中心地として発展。近世に入ると、徳川家康から50石の社領を寄進されるなど、将軍家からの信仰も篤かった。幕末の戊辰戦争で災禍に巻き込まれ本殿は焼失、現在の姿は明治6年（1873）に再建されたものである。本殿の東にある高さ12mの「灯明台」は、明治13年（1880）に地元有志によって建設されたもので、現存する民間の灯台としては国内最大級の大きさを誇る。

●船橋市宮本5・2・1

④ 西福寺《さいふくじ》

鎌倉時代に始まり、江戸時代には近隣に門徒寺をかまえる小本寺格の寺院であったとされる。境内には、仏塔の一種である石造宝篋印塔《せきぞうほうきょういんとう》と石造五輪塔が置かれ、いずれも県の有形文化財に指定。石造宝篋印塔は安山岩製で高さ215cmと、中世の宝篋印塔としては大型なもの。五輪塔も安山岩で造られ、高さは295cmとさらに大きく、立姿は優美かつ古風。両塔ともに銘文はないが、鎌倉時代後期の作とされる。宝篋印塔の下からは、火葬した人骨が納められた骨壺と、小型の五輪塔の一部が出土している。

広々とした境内

●船橋市宮本6・16・1

見どころギャラリー

② 船橋東照宮

「日本一小さい東照宮」と言われる

① 海神念仏堂

本尊の木造阿弥陀如来立像

① 海神念仏堂

念仏堂で行われる「海神の天道念仏」

5 了源寺《りょうげんじ》

起源は永禄2年（1559）、北条氏政から土地の寄進を受けた伝翁が、この地に寺を開いたとされる。現在の本堂は白河藩三代藩主・松平定信が創建。また本堂右奥の小高い丘には、江戸中期の享保年間（1716～36）に幕府の大砲試射場があり、後に大砲用の台座跡に鐘楼堂が建てられた。鐘楼は明治4年（1871）まで船橋一帯に時を知らせ、「時の鐘」と親しまれた。江戸後期の文人・大田蜀山人《しょくさんじん》は、「煩悩の眠りをさます時のかねきくやわたりに船橋の寺」と詠んでいる。

●船橋市宮本7・7・1

大砲の台座跡に建つ鐘楼堂

6 飛ノ台史跡公園博物館《とびのだいしせきこうえんはくぶつかん》（飛ノ台貝塚《とびのだいかいづか》）

縄文時代早期の飛ノ台貝塚の遺跡跡に、縄文時代専門の博物館「飛ノ台史跡公園博物館」がある。飛ノ台貝塚は昭和13年（1938）の発掘調査で、考古学史上初めて調理のための簡易なかまどの跡（炉穴）が発見されたことで、一躍有名に。その後平成5年（1993）の調査では、抱き合う形で埋葬された2体の人骨が見つかり、日本最古の合葬人骨として話題となった。博物館内では、炉穴や貝塚、竪穴住居の模型などを用いて飛ノ台の歴史を紹介。縄文時代の人々の生活や、この地に住んだ先人と海とのかかわりなども知ることができる。

●船橋市海神4・27・2／9～17時（入館は16時30分まで）／月曜（祝日の場合翌日）、祝日の翌日（土・日除く。5月3～5日は開館）、年末年始休み／入館一般100円

6 飛ノ台史跡公園博物館
遺跡を復元した史跡公園に隣接

6 飛ノ台史跡公園博物館
飛ノ台貝塚を紹介するコーナーなどがある

6 飛ノ台史跡公園博物館
飛ノ台貝塚

3 船橋大神宮
六角形をした灯明台

COURSE 12

稲毛

別荘と民間航空の街

「千葉市ゆかりの家・いなげ」は内部も見学可能

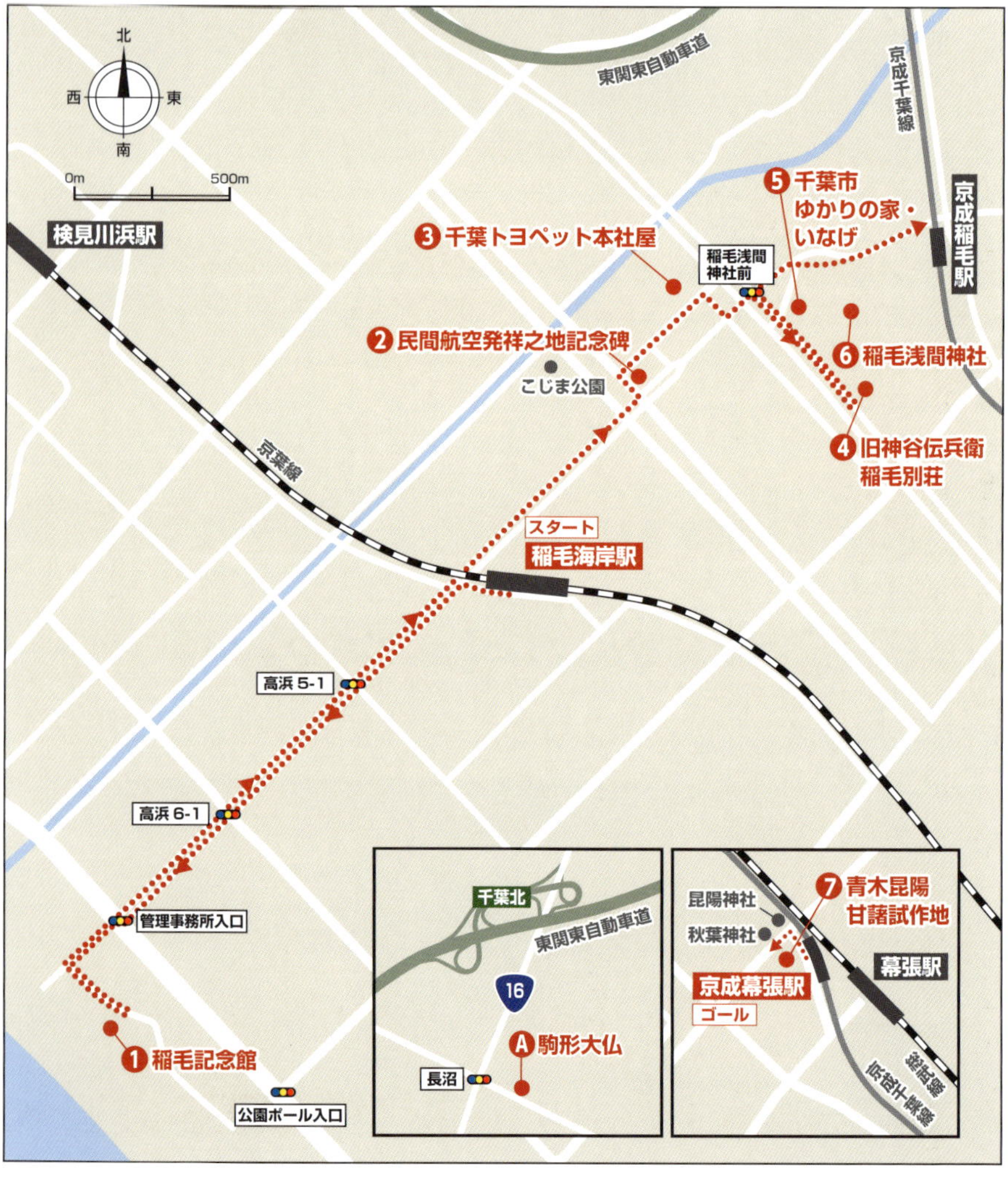

稲毛エリアの魅力

現在高層ビルが建ち並ぶ新都心・幕張から稲毛にかけての海岸線は、昭和30年代までは風光明媚な遠浅の海であった。白砂青松が続く稲毛海岸はとりわけ美しく、多くの政財界人たちが別荘をかまえた。潮が引くと現れる砂浜は滑走路として利用され、民間航空機発展の地としても栄えた。

スタート JR京葉線 稲毛海岸駅
徒歩34分
1 稲毛記念館
徒歩46分
2 民間航空発祥之地記念碑
徒歩7分
3 千葉トヨペット本社屋
徒歩13分
4 旧神谷伝兵衛稲毛別荘
徒歩8分
5 千葉市ゆかりの家・いなげ
徒歩4分
6 稲毛浅間神社
徒歩6分
京成稲毛駅
電車（京成千葉線）
京成幕張駅
徒歩2分
7 青木昆陽 甘藷試作地
徒歩2分
ゴール 京成千葉線 京成幕張駅

徒歩時間の目安 2h02min
徒歩距離の目安 約6.1km

1 稲毛《いなげ》記念館《きねんかん》

かつて一大リゾート地であった、稲毛の歴史や風土を学べる展示施設。千葉県で初となる海水浴場が開かれ、多くの文人や画家たちに愛された、稲毛海岸の風景などが解説されている。3階には総ガラス張りの展望室があり、青く輝く東京湾を中心とした風景が300度ぐるりと見わたせる。記念館に隣接した、回遊式の日本庭園も見どころのひとつ。庭園内には本格的な茶会が楽しめる茶室「海星庵」がある。

●千葉市稲毛区高浜7・2・3／9～17時／月曜（祝日の場合翌日）、年末年始休み／入館無料

2 民間《みんかん》航空《こうくう》発祥《はっしょう》之《の》地《ち》記念碑《きねんひ》

「稲毛海岸の広大な干潟を、滑走路に利用できないか」そんな驚きの発想を実現させたのが、国産機による初めての飛行を成功させた奈良原三次《さんじ》である。奈良原は明治45年（1912）5月、この地に飛行訓練所を開設。これは軍用以外の民間飛行場第一号となる施設で、大正6年（1917）に高潮による壊滅的な被害を受けるまで使用が続いた。同飛行場にて白戸栄之助、伊藤音次郎らの民間パイロットを養成し、奈良原式と呼ばれる自作飛行機の

京葉エリア

COURSE 12

稲毛

別荘と民間航空の街

4号目「鳳号」を開発した。我が国の民間航空発祥の地として、ここ稲毛の地に記念碑が建てられたのが昭和46年（1971）。飛行機の翼を広げた姿をかたどった記念碑は、高さ9m、横幅も9mと堂々たる姿だ。碑の隣に立つ松の木は、ライト兄弟が動力飛行を成功させた「キティ・ホークの丘」にあった松の子孫だという。

③ 千葉《ちば》トヨペット本社屋《ほんしゃおく》

明治32年（1899）に東京・内幸町に竣工された日本勧業銀行本店。桃山式純和風2階建ての絢爛たる建物は、明治時代の代表的建築家・妻木頼黄《よりなか》らによって設計された。明治43年（1910）には、上野で開催された勧業博覧会の迎賓館として使用されるなどしたが、大正15年（1926）に京成電鉄に売却。その後谷津遊園の「楽天府」となり坂東妻三郎の撮影所として使われ、さらに昭和15年（1940）から20年間は千葉市役所庁舎となった。当時の市場町通りにはルネッサンス様式の県庁と、桃山式の市庁舎が建ち並び、大勢の市民の目を楽しませた。昭和38年（1963）の新市庁舎落成後は、千葉トヨペット株式会社が無償でゆずり受け、約1億7千万円をかけ市内に再建。同社の本社屋として今に至る。屋根は建築当時と同じ木造銅葺きで、建物は鉄筋コンクリートに生まれ変わった。国の登録有形文化財。

●千葉市美浜区稲毛海岸4・5・1

④ 旧神谷《きゅうかみや》伝兵衛《でんべえ》稲毛《いなげ》別荘《べっそう》

「日本のワイン王」の異名を持ち、蜂印《はちじるし》香竄《こうざん》葡萄酒《ぶどうしゅ》や電気ブランなどの開発でも有名な、明治時代の実業家・神谷伝兵衛の旧別荘。4棟あった建物の

見どころギャラリー

① 稲毛記念館

稲毛の歴史が学べる展示も

① 稲毛記念館

東京湾を望める展望室がある

うち、現存する洋館を一般に公開している。この洋館は大正7年（1918）に竣工され、大正12年の関東大震災にも耐えた堅牢な鉄筋コンクリート建造物。我が国の鉄筋コンクリート建築の歴史においても、初期段階のものとして、貴重な建築資料でもある。建物は半地下・地上2階建てで、1階が洋室、2階は和室の和洋折衷の構造。1階ピロティ正面に設けられたロマネスク様式の五連続アーチが、昭和初期のモダニズム建築の香りを感じさせる。国の登録有形文化財。

●千葉市稲毛区稲毛1・8・35／9～17時15分／月曜（祝日の場合翌日）、年末年始休み／入館無料※2020年1月まで休館予定

5 千葉市《ちばし》ゆかりの家《いえ》・いなげ

昭和12年（1937）4月から10月までのわずか半年の間、中国清朝最後の皇帝愛新覚羅《あいしんかくら》溥《ふ》儀《ぎ》の実弟・溥《ふ》傑《けつ》と、嵯峨侯爵の長女・浩《ひろ》が新婚生活を送った家。保養地としての稲毛の姿を今に残す貴重な和風別荘建築であり、市の有形文化財（建造物）に指定されている。溥傑は、この家から市内作草部《さくさべ》にあった陸軍歩兵学校まで、毎日馬で往復した。同家は一般に無料公開されており、各部屋に展示された写真や資料とともに、ふたりの新婚生活の雰囲気が楽しめる。L字型の平屋建ての内部には、格天井や亀甲格子の欄間、障子にはめられた結霜ガラスなど、当時のモダンな意匠が残り、建築ファンは必見。

●千葉市稲毛区稲毛1・16・12／9～16時30分／月曜（祝日の場合月曜と翌日火曜）、祝日（5月3～5日除く）、年末年始休み／入館無料

外観は純和風の佇まい

4 旧神谷伝兵衛稲毛別荘

当時はゲストハウスとして使われていた

2 民間航空発祥之地記念碑

翼の形をした記念碑

3 千葉トヨペット本社屋

国会議事堂の基本設計をした妻木頼黄らが設計

6 稲毛浅間神社《いなげせんげんじんじゃ》

大同3年（808）に富士山本宮浅間神社から勧請されたと伝わる古社。安産と子育ての神である木花咲耶姫命《このはなさくやひめのみこと》を祀り、多くの人々の信仰を集めている。治承4年（1180）、源頼朝が東六郎胤頼を使者として武運長久を祈願したのをはじめ、幾多の武将からも篤く崇められた。千葉常胤以来、代々千葉氏一門の信仰が篤かったことも、さまざまな古文書に記録が残る。文治3年（1187）に再建された際、富士山の形に土盛りし、そのいただきに社殿を建てたとされる。参道も富士登山道にならって三方位に敷かれ、社殿は東京湾を挟んで富士山と正面に向き合う位置に設けられた。昭和39年（1964）、火災により社殿が焼失したが、2年後の昭和41年（1966）に再建。平成26年（2015）の再建50周年には、神門が新設された。境内には神社創建以来松林が形成され、かつてはすぐ近くまで波が打ち寄せた景勝地だったという。現在も海岸の面影を残す見事な松林は、市内の名所のひとつであり、市の天然記念物に指定されている。

●千葉市稲毛区稲毛1・15・10

7 青木昆陽《あおきこんよう》 甘藷試作地《かんしょしさくち》

京成千葉線京成幕張駅からすぐの場所に、サツマイモの栽培で有名な青木昆陽にまつわる石碑がある。塀に囲まれた中に石碑がたたずむ地こそが、まさに昆陽がサツマイモの試作に励んだ畑だ。昆陽は江戸日本橋の魚問屋に生まれ、京都で儒学者・伊藤東涯に学ぶ。その後江戸で塾を開き教えるうちに、飢饉の際の救荒作物として、サツマイモに着目。『蕃藷考《ばんしょこう》』をあらわして飢餓に備えるよう訴え、徳川8代将軍吉

見どころギャラリー

6 稲毛浅間神社

鮮やかな朱色の社殿

5 千葉市ゆかりの家・いなげ

溥傑夫妻が新婚生活を送った家

宗に認められる。享保20年（1735）に試験栽培を開始したサツマイモの試作地に、この地が選ばれたのは、昆陽を将軍吉宗に推挙した江戸町奉行・大岡忠相《ただすけ》の与力の給地だったからである。サツマイモのおかげで、天明の大飢饉でもこの幕張地区からは餓死者が出なかったという。

A 駒形大仏《こまがただいぶつ》

足をのばして

御成街道沿いに建つ駒形観音堂境内に、銅造の阿弥陀如来座像が祀られている。「駒形大仏」の名で親しまれているこの阿弥陀如来像は高さ約2．4mの巨像で、本来は鎌倉の大仏などと同じく露座であったが、近年頭上を覆う屋根が設置された。大仏建立は、この地の新田開発を請け負った、江戸薬種問屋の野田源内が願主となって始まった。元禄16年（1703）に、大巌《だいがん》寺《じ》16世然誉上人を開眼導師として大仏が完成し、同時期に馬頭観音を祀る観音堂が開かれた。像表面には刻銘が残り、鋳物大工・橋本伊佐衛門藤原重広の作とある。両手は腹の前で定印《じょういん》を結んでおり、手のひらに持物を載せていた跡があるが現在は消失。また大仏の背面には、建立に尽力した60あまりの念仏講中の名が刻まれている。

●千葉市稲毛区長沼町28

干潮時に出現する飛行場。民間航空発祥の地・稲毛

日本の民間航空発展の歴史を語る際、稲毛という地名は外せない。我が国で最初の飛行場が作られたのは埼玉県の所沢市と知られるが、これは軍用の施設であり、民間の飛行場の第一号はここ稲毛の地で誕生した。現在の国道14号線から西は、かつて干潮時には1kmにわたる干潟が現れる遠浅の海であった。濡れて硬くしまった砂浜は離着陸に適し、ここから何機もの民間航空機が飛び立っていったのである。

7 青木昆陽 甘藷試作地
碑には「昆陽先生甘藷試作之地」と刻まれている

A 駒形大仏
あたたかな表情で見下ろしている

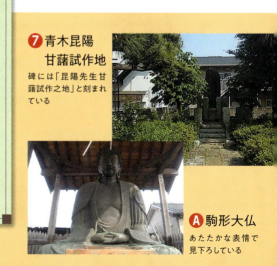

COURSE 13

千葉

県名の由来となった一族の土地

千葉公園に咲く大賀ハス

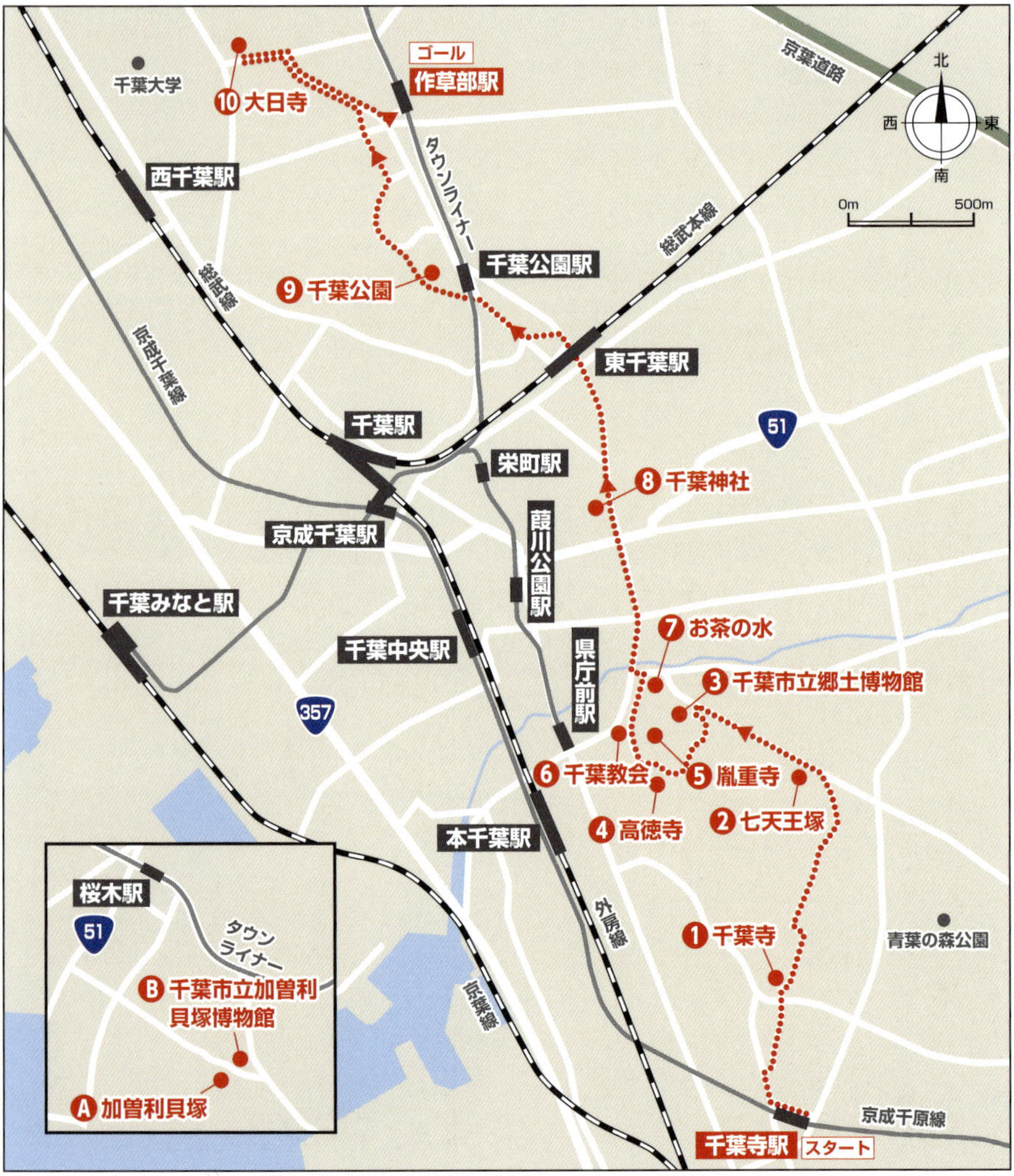

京葉エリア

COURSE 13

◆縄文時代
◆古墳時代
◆鎌倉時代
◆江戸時代
◆明治時代
◆昭和時代

千葉エリアの魅力

JR千葉駅の南東に、台地状の森が広がる。亥鼻《いのはな》山と呼ばれるこの一帯は古くから千葉一族の本拠地で、約330年の長きにわたって一族が居城した山城跡が残る。現在市立博物館となっている天守閣は通称「千葉城」と呼ばれるが、これは完全なるレプリカで、実際の城の姿とは異なる。

スタート **京成千原線 千葉寺駅**
徒歩14分
1 千葉寺
徒歩22分
2 七天王塚
徒歩14分
3 千葉市立郷土博物館
徒歩8分
4 高徳寺
徒歩4分
5 胤重寺
徒歩2分
6 千葉教会
徒歩4分
7 お茶の水
徒歩14分
8 千葉神社
徒歩28分
9 千葉公園
徒歩28分
10 大日寺
徒歩16分
ゴール **タウンライナー 作草部駅**

徒歩時間の目安 2h34min

徒歩距離の目安 約7.7km

1 千葉寺《せんようじ》

8世紀初頭の創建とされ、千葉市では最も古い寺院のひとつ。過去の発掘調査で、8世紀中頃とみられる軒丸瓦などが出土している。落雷による伽藍焼失後、建久3年（1192）に源頼朝の命を受けて千葉常胤《つねたね》が再建。その際、運慶作の愛染明王像を寄進したとされる。同寺は千葉宗家の滅亡とともに衰退したが、江戸時代になると徳川家康から100石の領地を与えられるなどの庇護を得て再興。寺では、明治の初めまで大晦日の晩に行われる「千葉笑い」という珍しい行事があった。住民は覆面姿で境内に集い、代官への悪口を言い合って皆で大笑いしたという。創建時に植えられた高さ30mの大イチョウは、鎌倉の鶴岡八幡宮にあったものより大きく、樹齢1000年余り。

● 千葉市中央区千葉寺町161

2 七天王塚《しちてんのうづか》

平将門を守護する七騎武者の墓とする伝説が残る地。7基の塚が点在するのは、千葉大学医学部の構内駐車場周辺で、亥鼻城の外郭の土塁とみられていた場所。平成14年（2002）の調査で全長28mほどの前方後円墳が発見

千葉
県名の由来となった一族の土地

され、土塁ではなく古墳だったとする説が有力に。墳丘は失損しているが、周溝と石室が現存し、人骨や耳飾り、矢尻、馬具などが出土。平安時代よりはるか以前の古墳と推定されている。

③千葉《ちば》市立《しりつ》郷土《きょうど》博物館《はくぶつかん》

鎌倉幕府屈指の御家人である千葉常胤の父・重胤《しげたね》が上総から居を移し、城を築いたのが亥鼻山。千葉市立郷土博物館は、その城跡に建てられている。亥鼻城は、千葉氏の内紛で享徳3年（1454）に廃城するまでの約300年間、千葉氏の居城であった。同博物館は戦国時代の天守閣のような外観をしているが、実際の亥鼻城は平城で、天守閣はなかったとされる。

●千葉市中央区亥鼻1・6・1／9～17時（入館は16時30分まで）／月曜（祝日の場合翌日）、年末年始休み／入館無料

④高徳寺《こうとくじ》

南北朝時代の正平20年（1365）、千葉氏の一族である原胤高が建立したと伝えられる。亥鼻公園のすぐ南に位置し、本尊に地蔵菩薩を奉る曹洞宗の禅寺。参道から続く石造りの門柱の脇に、明治の画家堀江正章の碑がある。

●千葉市中央区亥鼻2・10・5

⑤胤重寺《いんじゅうじ》

千葉常胤の孫にあたる武石胤重の菩提を弔うため、武石氏の末裔である梅譽雲巖上人が永禄元年（1558）に建立した。本尊は阿弥陀如来像。境内には胤重の墓の他、幕府の講武所初代教授を務めた柔術家・戸塚彦介英俊とその息子彦九郎英美の墓がある。また、供えられた塩でなでるといぼが取れるとされる「疣《いぼ》地蔵」でも有名。願いが

見どころギャラリー

①千葉寺

重厚な風格の仁王門

③千葉市立郷土博物館

亥鼻城跡に、天守閣を模して建てられた

⑥千葉教会

窓などの尖頭アーチが特徴的

叶ったものは、お礼に新しい塩を奉納する習わしがある。

●千葉市中央区市場町10・11

静かな佇まいの本堂

⑥千葉《ちば》教会《きょうかい》

明治28年（1895）に、京都の同志社クラーク館を設計したドイツ人技師、リヒャルト・ゼールによって建てられた木造の教会堂で、千葉市では最古の教会建築。14世紀半ば頃にイギリスの教会で用いられた「ハンマービームトラス工法」による、木造小屋組みが特徴的。明治44年（1911）の台風で塔が破損し一部改築されたが、明治時代の洋風建築物として貴重な資料だ。

●千葉市中央区市場町9・20

⑦お茶《ちゃ》の水《みず》

亥鼻山の北麓に小さな不動堂があり、その脇のくぼ地は泉の痕跡を留めている。この泉を称えた「お茶の水」の碑が亥鼻公園に建ち、数々の伝承が残されている。泉は700年間涸れることがなかったとされ、千葉氏一族は代々この水を産湯水に使ったという。また千葉常胤は泉の水を沸かし、源頼朝に茶を献じたとされるが、真偽は定かでない。徳川家康は東金での鷹狩の際にこの湧き水を飲んでいたく気に入り、他の者に一切飲ませなかったという。

⑧千葉《ちば》神社《じんじゃ》

千葉氏一族の守護神である「北辰妙《はくしんみょう》見尊星王《けんそんじょうおう》（妙見菩薩）」を祀る。前身は、長保2年（1000）に千葉氏3代忠常の次男・覚算大僧正によって中

⑧千葉神社

春には拝殿前の桜が美しく咲く

⑦お茶の水

千葉常胤が水を汲んだといわれる

⑧千葉神社

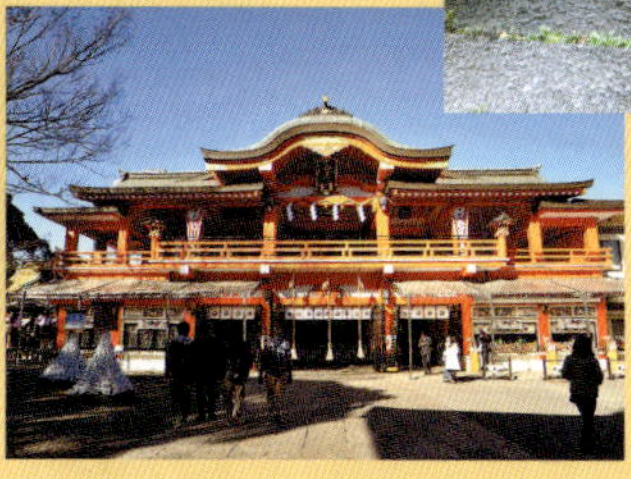
上下に2つの拝殿がある

興開山された北斗山金剛授寺。大治元年（1126）に7代常重がこの地に移り住んだ際、自分の居城に祀っていた妙見様の御神体を金剛授寺に合祀した。以降、「妙見様の本宮」として多くの人々から尊崇を集めることとなった。明治時代の神仏分離令により、千葉神社と改称。平成2年（1990）の大造営によって社殿を重層化し、上下ふたつの拝殿を有する珍しい神社となった。

●千葉市中央区院内1・16・1／6～18時

9 千葉《ちば》公園《こうえん》

「千葉のセントラルパーク」とも呼ばれる千葉公園。もとは大正7年（1918）から戦後まで、鉄道第一連隊の演習場だった。公園事務所の裏には工事演習用のトンネルが今なお残り、架橋演習用のコンクリートの橋脚やウインチ台の一部も見られる。公園内の綿打池では毎年6月下旬から7月にかけ、世界最古の花である大賀ハスが咲く。

●千葉市中央区弁天3・1・1

10 大日寺《だいにちじ》

天平宝字元年（757）、仁生《にんじょう》により創建されたと伝わる古刹。創建当初は千葉神社の隣にあったが、昭和20年（1945）の空襲によって全焼、戦後現在の場所に移された。康正元年（1455）の千葉氏一族内の内紛がきっかけで自害した千葉胤直の遺骸が同寺に納められ、慰霊のための五輪塔が建てられたと『鎌倉大草紙《おおぞうし》』に記載がある。

●千葉市稲毛区轟町2・1・27

A 加曽利貝塚《かそりかいづか》

足をのばして

縄文時代早期末から晩期末という長きに渡って続いた、全国でも最大規模

見どころギャラリー

10 大日寺
本堂では本尊の大日如来を安置

A 加曽利貝塚
南貝塚の貝層断面が見られる

9 千葉公園

大賀ハスの展示資料館・蓮華亭

9 千葉公園

桜の名所としても有名

の貝塚。直径およそ140mのドーナツ状の北貝塚（縄文中期）と、長径およそ190mの輪が途切れたような馬蹄型の南貝塚（縄文後期）が発掘されており、両方合わせると八の字を描くような形状をしている。貝塚以外にも、120を超える竪穴式住居群跡や、土器・石器をはじめとする道具類や装身具など、大量の縄文遺物が出土。特に土器には特徴的なものが多く、「加曽利B式・E式」と名付けられて縄文時代の区分をする土器型式名となっている。

B 千葉《ちば》市立《しりつ》加曽利《かそり》貝塚博物館《かいづかはくぶつかん》

足をのばして

約15・1ヘクタールにわたる加曽利貝塚のほぼ中央に、千葉市立加曽利貝塚博物館が建つ。開館は昭和41年（1966）。貝塚から発掘された縄文土器、石器、動物・魚・人の骨などが展示の中心で、東京湾周辺に住んでいた古代人の生活の様子を解説している。また、実際の貝塚をそのまま保存・展示する「野外展示」にも力を入れており、貝塚の一部の住居跡や貝層断面に覆屋をかけ、自然のままの姿を見学できる工夫も。南貝塚では復元された縄文集落も見られる。

●千葉市若葉区桜木町8・33・1／9～17時（入館は16時30分まで）／月曜（祝日の場合翌日）、祝日の翌日（土日は開館）、年末年始休み／入館無料

平氏・源氏いずれにもゆかりある一族、千葉氏

千葉氏は桓武平氏の流れをくむ一族であるが、長元元年(1028)頃、平忠常が房総地方で起こした反乱が源頼信に制圧されて以来、清和源氏の家人となった。大治元年(1126)に千葉常重が下総国千葉郡に拠点を移し、千葉荘を本領としたのをきっかけに千葉姓を名乗るようになったとされる。戦国時代に入ると千葉氏の勢力は衰え、北条氏の支配下に入るものの、豊臣秀吉の小田原攻めにより北条氏とともに滅亡した。

大日寺にある千葉氏累代の墓碑

B 千葉市立加曽利貝塚博物館

加曽利貝塚のキャラクター「かそりーぬ」がお出迎え

B 千葉市立加曽利貝塚博物館

加曽利貝塚で発掘された土器や動物の骨などを展示

COURSE 14

八幡宿・五井
古墳が広がる上総国の中心

上総国分尼寺跡の復元された中門

八幡宿・五井エリアの魅力

市原の地には律令制度によって上総国府が置かれ、以来長きにわたって上総地方の中心地であった。市の北部一帯から、古墳時代の有力者たちの墓が次々と発掘されてきたことも、この地の求心力を知らしめている。養老川の清流にも恵まれ、古くから多くの人々が暮らしを営んだとされる。

1 飯《いい》香《が》岡《おか》八幡宮《はちまんぐう》

創建は飛鳥時代、大化改新直後の653年頃との伝承が残る。中世以降も八幡信仰の中心として、篤い信仰を集めた。室町時代末期から江戸時代中期の甲冑「当世具足11領」や、本多弥八《ほんだやはち》郎正綱《ろうまさつな》が徳川家康に寄進した「大太《おおた》刀《ち》」など、武具が多く奉納されていることからも、武家信仰の深さがわかる。

今なお商売繁盛、海上守護、安産子育てなど幅広いご利益を求める参拝客が後を絶たない。本殿は正面3間・側面2間の総丹《に》塗《ぬ》りで、屋根は銅板葺きの入母屋造り。無骨な木組みの構造からは、簡素で力強い印象を受ける。国の重要文化財に指定。一方拝殿は、正面に唐破《は》風《ふ》と千鳥破風をいただいた優美な建築物で、県の有形文化財指定。毎年秋の大祭で行われる神事「柳楯《やなぎだて》神事」も有名で、霊木である柳で作られた楯を神輿の先頭に据え、町内を巡回したのち本殿内に安置される。社殿の左右にあるイチョウの古木も見逃せない。右手の二股に分かれたイチョウは「夫婦銀杏《めおといちょう》」と呼ばれる神木、左は源頼朝が源氏再興を祈願して逆さに植えたとされる「倒公孫樹《さかさいちょう》」である。

●市原市八幡1057-1

スタート JR内房線 八幡宿駅
徒歩6分
1 飯香岡八幡宮
徒歩54分
2 菊間古墳群
徒歩24分
3 武田家住宅
徒歩13分
菊間第三バス停
バス(小湊鐵道バス・八幡宿駅東口行き)
八幡宿駅
電車(JR内房線)
五井駅
徒歩1分
4 小湊鐵道蒸気機関車
徒歩60分
5 神門古墳群(神門5号墳)
徒歩8分
6 上総国分寺跡
徒歩20分
7 上総国分尼寺跡
徒歩52分
8 府中日吉神社
徒歩12分
郡本バス停
バス(小湊鐵道バス・八幡宿駅西口行き)
ゴール JR内房線 八幡宿駅

徒歩時間の目安 4h10min

徒歩距離の目安 約12.5km

古墳が広がる上総国の中心

❷ 菊間古墳群《きくまこふんぐん》

市原市内を流れる村田川の左岸台地上に点在する50基あまりの古墳を合わせて、菊間古墳群と呼び、この地を治めていた菊間国造《きくまくにのみやつこ》の墓域と推定される。代表的な古墳は4基あり、最も東に位置する姫宮古墳は、全長51m・高さ約4mの前方後円墳で6世紀の築造とされている。100mほど離れた場所に、南北に隣り合って東関山《とうかんやま》古墳と北野天神山古墳（権現山古墳）がある。北側の北野天神山古墳は前方後円墳とみられるが、後方部分は失われている。しかし高さが約7mほどあることから、現存していれば全長90m級の大規模な古墳であったと推定される。一方すぐ南にある東関山《とうかんやま》古墳は、前方後円墳の形をとどめ、全長約70m・高さ約5.4mと同古墳群の中では最大級のもの。東関山《とうかんやま》古墳から西に400mほど行った台地上にあるのが、菊間天神山古墳。この古墳は他の3基とは形が異なり、直径約39m・高さ約3・5mの円墳である。円筒形の埴輪が出土していることから、5世紀末の築造とみられている。

❸ 武田家住宅《たけだけじゅうたく》

国の登録有形文化財で、大正5年（1916）に現在の長生郡長南町に建てられた純和風建築を改築し、和洋折衷の独特な外観を持つ住宅。もとは医院として建てられた和風住宅であったが、昭和3年（1928）に左半分のみを同地に移築し、白板張りの外壁に縦長窓をはめた洋風建築に改築。残りの右半分は昭和31年（1956）になってから移築され、ふたつの建物を結合する際に外壁すべてを洋風にそろえたが、和風の瓦屋根だけは残された。このような過程を経てユニークな和洋

見どころギャラリー

❶ 飯香岡八幡宮

鮮やかな朱色の拝殿

❷ 菊間古墳群

菊間天神山古墳

❷ 菊間古墳群

東関山古墳

折衷建築が完成し、現在でも大きな入母屋屋根の黒瓦と板張りの白壁のコントラストが、訪れる者の目を楽しませてくれる。医院としても昭和38年（1963）まで運営され、病室、診察室、手術室をそなえる本格的なものであった。

●市原市古市場53

4 小《こ》湊《みなと》鐵《てつ》道《どう》蒸《じょう》気《き》機《き》関《かん》車《しゃ》

大正6年（1917）に設立された小湊鐵道道株式会社は、五井と上総中野間に鉄道路線を敷設。同区間約39kmを約2時間あまりで結んでいた。当時多くの旅客・貨物を運んだ蒸気機関車のうち3輌が、現在五井駅東口の車庫に保存されている。そのうちの2輌は、大正13年（1924）にアメリカで製造された六輪連結十輪タンク機関車で、昭和31年（1956）まで活躍。残り1輌は明治27年（1894）にイギリスで製造され、日本初の私鉄会社「日本鉄道」が輸入した四輪連結十輪タンク機関車である。イギリス製の機関車は、昭和21年（1946）に当時の国鉄から払い下げられ、4年間上総の地を走った。

5 神《ごう》門《ど》古《こ》墳《ふん》群《ぐん》

弥生時代終末期のものとされる大規模な古墳群。大規模なものは3基で、5号墳、4号墳、3号墳の順に築造されたと推定される。隣接する上総国分寺の寺域は、古墳群を避けるように設計されている。この3基は、前方後円墳成立期の首長を3代にわたって埋葬した墓とみられており、考古学的にも重要な位置づけの古墳群である。3基のうち、こんもりと盛り上げられた墳丘が当時のままに残るのは5号墳のみ

3 武田家住宅

瓦屋根を持ちながらも洋風デザインの不思議な外観

2 菊間古墳群

姫宮古墳

2 菊間古墳群

北野天神山古墳

古墳が広がる上総国の中心

で、県の文化財に指定。昭和24年（1949）に早稲田大学によって行われた発掘調査では、墳丘の頂から剣、ガラス玉、鉄鏃が出土。当時は大型円墳と考えられていたが、昭和56年（1981）の追加調査で直径30m超の円墳の西側に長さ約12mの前方部が存在することがわかり、全長42m超のいちじく形の古墳であると判明。円と方形を合体させた前方後円墳の形が定型化される前の、古い型式の古墳として貴重な発見となった。一方、4号墳は全長約49m、3号墳は全長49～55mほどの、定型型の前方後円墳であったとされる。これら3基の古墳からは、在来の土器に混じって近畿・東海・北陸地方によくみられる形式の土器が多数出土。古代の地域間交流の謎をひも解く史料として、注目されている。

神門5号墳

6 上総《かずさ》国分寺《こくぶんじ》跡《あと》

天平13年（741）、聖武天皇の詔によって建てられた国分寺院跡のひとつ。「国分寺台」と呼ばれる、養老川右岸の台地上にある。南北481m、東西250～340mと広大な寺域を有し、全国でも3番目の規模を誇る。昭和41年（1966）以降の複数回の発掘調査で、金堂・講堂の基壇や中門跡、南大門跡、国分寺の屋根瓦を焼いた窯の跡などが発見された。伽藍配置は右手に塔、正面奥に金堂を配し、金堂と中門を回廊で結ぶ「大官大寺式」であるが、講堂が回廊の外側に置かれるのは珍しい。塔の跡地には巨大な礎石が現存し、礎石の間隔などから高さは塔の60m前後と考えられ、かつてこの地には七重塔がそびえていた可能性が大きい。

●市原市惣社1・7・1他

見どころギャラリー

6 上総国分寺跡

西門跡。発掘調査から八脚門だったとわかっている

4 小湊鐵道蒸気機関車

黒光りした3輌の蒸気機関車は今にも走り出しそう

7 上総国分尼寺跡《かずさこくぶんにじあと》

国分寺と同様に広大な寺域を有し、南北371m・東西285〜350mで全国最大規模の国分尼寺である。発掘調査では金堂、講堂、中門、回廊などの跡が確認され、塔のない変則ながら「東大寺式」の伽藍配置であることが明らかになった。伽藍の他にも、尼僧の日々の修行生活に関連した施設跡が多数出土している。平成に入って復元事業が活発化し、平成5年（1993）に中門が、平成9年（1997）には中門と金堂を結ぶ回廊が復元され一般公開されている。広大な敷地に、ベンガラで染められた緋色の門や柱がそびえる姿は圧巻。さらに寺域北西の一角には、「史跡上総国分尼寺跡展示館」が平成5年7月に開館。200分の1スケールのジオラマや、大型スクリーンの映像を通じて、遺跡について学ぶことができる。国分尼寺の正式名称である「法華滅罪之寺《ほっけめつざいのてら》」を略し、「法《ほっ》花寺《けじ》」と墨書きされた土器展示は必見。

●市原市国分寺台中央3・5・2／9〜17時（入館は16時30分まで）／月曜（祝日の場合翌日）、年末年始休み／入館無料

8 府中日吉神社《ふちゅうひよしじんじゃ》

旧能満村の鎮守として古い歴史のある神社。天武2年（674）に近江国滋賀郡（現・大津市）の日吉大社より勧請したと伝わる。江戸時代には、3代将軍徳川家光から六石二斗の神領を寄与された。三間社流造の本殿は、禅宗様式の影響を受けない純粋な和様式で統一され、室町時代中期から末期の建立とみられる。建立当時の部材が多く残っており建築史料としても貴重だ。

●市原市能満589・2

8 府中日吉神社

朱の鳥居の奥に社殿が見える

7 上総国分尼寺跡

復元された回廊の内部

6 上総国分寺跡

広大な敷地だったかつての国分寺。中央奥が金堂跡で現在の国分寺境内

COURSE 15

木更津

地名に残る古代の伝説の地

證誠寺の秋の境内は紅葉が美しい

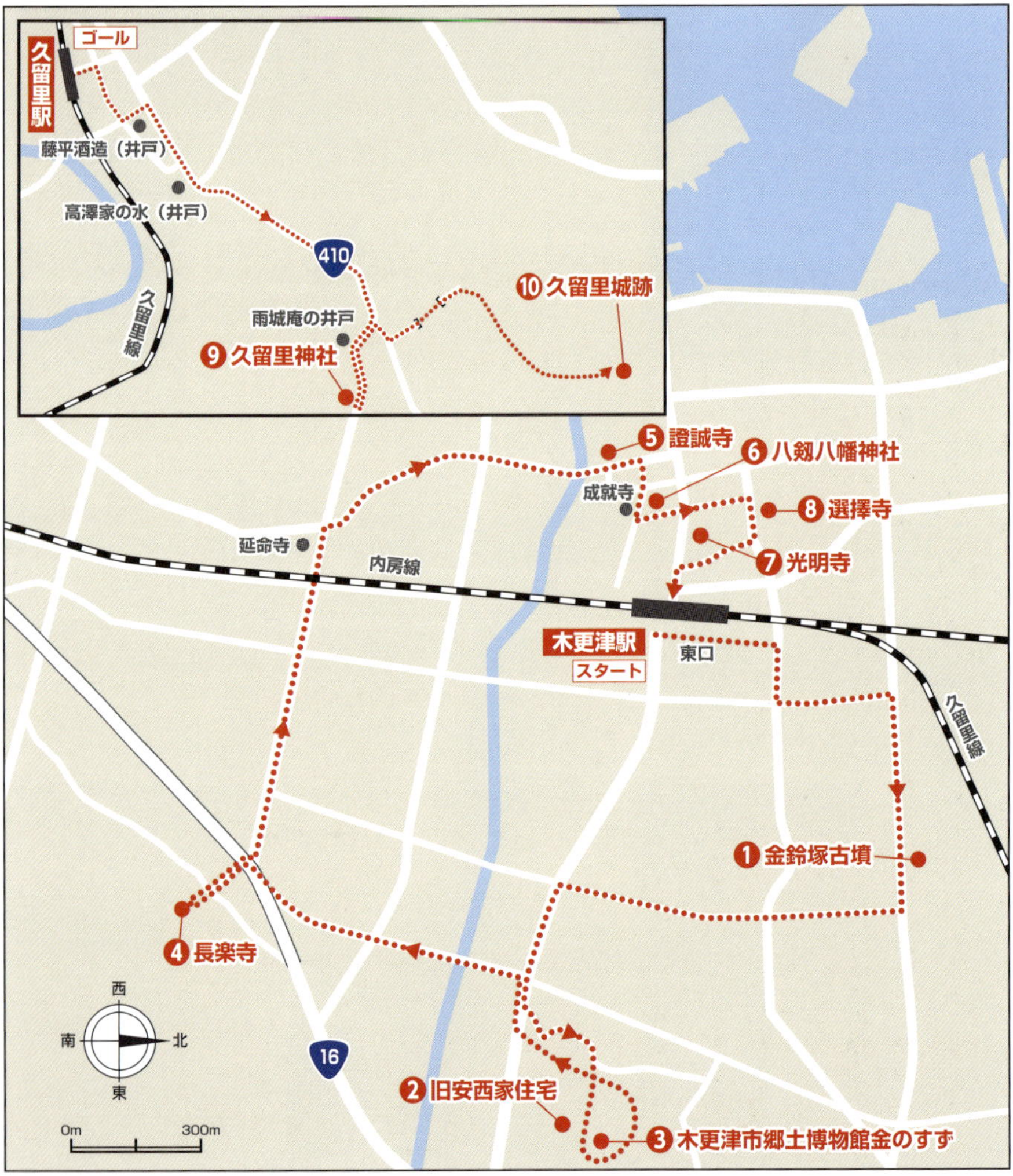

木更津エリアの魅力

木更津という地名の語源は、日本武尊《やまとたけるのみこと》の東国征伐にまつわる「きみさらず伝説」にあるとされ、古代から歴史に名を残す町だ。江戸時代には、幕府から江戸～木更津間の渡船営業権を与えられ、上総・安房の水運の玄関口として発展。浮世絵師や文人も足しげく通い、独自の町人文化が栄えた。

スタート JR内房線 木更津駅
徒歩24分
1. 金鈴塚古墳
徒歩34分
2. 旧安西家住宅
徒歩2分
3. 木更津市郷土博物館金のすず
徒歩28分
4. 長楽寺
徒歩40分
5. 證誠寺
徒歩4分
6. 八剱八幡神社
徒歩4分
7. 光明寺
徒歩4分
8. 選擇寺
徒歩6分
木更津駅
電車（JR久留里線）
久留里駅
徒歩28分
9. 久留里神社
徒歩28分
10. 久留里城跡
徒歩38分
ゴール JR久留里線 久留里駅

徒歩時間の目安 4h00min
徒歩距離の目安 約12.0km

① 金鈴塚古墳《きんれいづかこふん》

小櫃川によって形成された高台に残る、二重の周溝を含めると全長約１４０ｍという巨大な前方後円墳。明治時代の終わり頃には古墳であることが明らかとなり、かつては「二子塚古墳」と呼ばれていた。しかし昭和25年（１９５０）に行われた発掘調査で、未盗掘の石室内から金製の鈴５つが出土したことにちなみ、「金鈴塚古墳」と改称。この発掘の際に金鈴のほか、３体の人骨や副葬品の「三神五獣鏡」「四乳文鏡」などの鏡、さまざまな種類の装飾が施された太刀17振や冑などの武具、金銅製の馬具、着衣や腰飾りの金具などが出土。その品数と質は、豪華な副葬品で有名な奈良の藤ノ木古墳にも匹敵する。金鈴が発見された横穴式石室がある後円部以外は、現存していない。

② 旧安西家住宅《きゅうあんざいけじゅうたく》

江戸時代中期に建築されたと推定される、間口13間（約24ｍ）・奥行５間（約９ｍ）の平入り寄棟《よせむね》造りの茅葺き民家。市内の別の場所にあったものを、昭和57年の市政40周年記念事業の際に同地に移設。住人であった安西家は江戸時代に組頭を務めた家と伝えられ、同家は上総地方でもっとも大型の民家

木更津

地名に残る古代の伝説の地

であった。

●木更津市大田2・16・2※「木更津市郷土博物館金のすず」内／9～17時／月曜（祝日の場合翌日）、年末年始休み／入館200円（特別展は都度定める）「金のすず」は2021年3月末まで休館予定

3 木更津《きさらづ》市《し》郷土《きょうど》博物館《はくぶつかん》金《きん》のすず

金鈴塚古墳から出土した重要文化財の出土品を中心に、木更津の歴史資料を展示する博物館。それまで市内にあった「木更津市立金鈴塚遺物保存館」と「千葉県立上総博物館」を合併。2つの施設が所蔵していた多くの史料も当館に移された。金鈴塚古墳出土品以外にも、弥生～古墳時代の住居跡が発見された菅生《すごう》遺跡の農具などの遺物も見ごたえがある。掘り抜き井戸の代表的な工法である「上総掘り」の古

金鈴塚古墳の名前の由来となった出土品の「金鈴」

式用具は、重要有形民俗文化財に指定されている貴重なもの。

●木更津市大田2・16・2／9～17時（入館は16時30分まで）／月曜（祝日の場合翌日）、年末年始休み／入館200円（特別展は都度）※2021年3月末まで休館予定

4 長楽寺《ちょうらくじ》

嘉元・徳治年間（1303～7）に開山された真言宗豊山派の寺院。本尊の木造薬師如来坐像はヒノキの一木造りで、平安時代前期の作と伝わる。境内の北側に並ぶ五輪塔群のうち、一番右端のものだけが室町時代中期の作とされ、市の有形文化財に指定。空輪・風輪は一石から成り、空輪の宝珠形は江戸時代のものに比べるとおだやか。火輪・水輪も室町時代の特徴を色濃く残し、地輪の正面左側には永享8年（1436）の年号が刻まれている。

その他、鎌倉時代中期の密教法具

見どころギャラリー

1 金鈴塚古墳

木々に囲まれた古墳の全景

3 木更津市郷土博物館金のすず

階段を下りると博物館の入口

2 旧安西家住宅

藁葺きの大きな古民家

「金銅五鈷鈴《ごこれい》」や、南北朝時代の「金銅孔雀文磬《くじゃくもんけい》」など、県の有形文化財に指定されている寺宝も多い。参道は老杉の並木が続き散策が楽しい。本堂裏に広がる庭園では、春はスイセン、梅、桜、初夏にはツツジや花菖蒲、紫陽花、秋には萩や紅葉、冬は山茶花など、四季折々の花が咲き乱れる。

●木更津市請西982

5 證誠寺《しょうじょうじ》

野口雨情の童謡「しょうじょう寺の狸ばやし」で知られた、浄土真宗の寺。江戸時代初期の創建とされる。創建当時は「鈴ヶ森」と呼ばれ、杉や松が生い茂る周りを竹藪が取り囲み、昼間でも薄暗く気味が悪い場所だったという。従来の寺院にはみられない、雅楽を用いた法要は近隣の村人から不気味がられたのかもしれない。いつしか村人たちの噂話から、狸ばやしの伝説が生まれたともされるが、定かではない。

昭和31年（1956）に立てられた童謡碑には、作詞家・野口雨情の直筆の跡や、作曲家・中山晋平の五線譜が刻まれている。童謡碑の隣には狸塚があり、毎年中秋の名月の頃には狸まつりが開かれ、盛り上がりをみせる。

●木更津市富士見2・9・30

6 八劔八幡神社《やつるぎはちまんじんじゃ》

かつてこの辺りは「八劔の里」と呼ばれ、八劔の神を氏神と定めたことから、同社は古くより木更津の総鎮守として篤く信仰されてきた。日本武尊ゆかりの古社でもある。源頼朝が鎌倉幕府を開いた際、神領を寄進し社殿が造営された。天正19年（1591）にも徳川家康によって公領が寄進され、御朱印の証を授与される。社殿を再建し

5 證誠寺

「狸まつり」では子どもが狸に扮して踊る

4 長楽寺

広々とした境内の中に本堂が佇む

3 木更津市郷土博物館金のすず

金鈴塚古墳からの出土品などを展示

た安永2年（1773）には、狩野派の絵師の筆による162枚の装飾画によって格天井《ごうてんじょう》が彩られた。木更津の海を往来した「五大力船」を描いた絵馬とともに、市の登録文化財に指定。

●木更津市富士見1・6・15

⑦ 光明寺《こうみょうじ》

建武2年（1335）、大本山池上本門寺第三世・日輪上人の開山とされる日蓮宗の寺。歌舞伎「与話情浮名横《よわなさけうきなのよこ》櫛《くし》」でおなじみの、切られ与三郎の墓がある。与三郎のモデルとなった人物が、木更津の紺屋で修業していたとされ、墓の脇には歌舞伎役者の片岡仁左衛門と坂東玉三郎が立てた追善の塔婆がある。かつては「与話情浮名横櫛」を演じる際には、必ず参詣に訪れたそう。文化8年（1811）には小林一茶も参詣したと『七番日記』に記録が残る。樹齢400年を超える黒松「舞鶴の松」も必見。

●木更津市中央1・3・5

⑧ 選擇寺《せんちゃくじ》

上総で生まれた観誉祐崇《かんよゆうそう》上人により、享徳3年（1454）に建立した浄土宗の寺院。選擇とは、浄土宗の開祖・法然上人が「選びとることの大切さ」と表した言葉。あまたある御仏の教えの中から浄土宗を選びとったという、意味が込められている。本尊は慈覚大師円仁の手による阿弥陀立像。本堂は木造建築の意匠を随所に取り入れたコンクリート造りで、国の登録文化財に指定されている。元は総木造建築だった本堂は、大正12年（1923）の関東大震災で甚大な被害を受け、昭和5年（1930）に再建。被災前の仏堂形態をコンクリートで正確に再現した

見どころギャラリー

⑦ 光明寺

堂々とした本堂

⑥ 八剱八幡神社

入母屋造りの拝殿

⑥ 八剱八幡神社

毎年7月に行われる「御例祭」

ことが、高い評価を呼んだ。また同寺には、歌舞伎の主人公「切られ与三郎」の相棒として有名な「こうもり安」の墓がある。木更津に生まれ、本名を山口瀧蔵というこの男は、太腿にこうもりの刺青を入れ毎晩遊び歩いたことから、こうあだ名されたという。

●木更津市中央1・5・6

9 久留里《くるり》神社《じんじゃ》

治安元年（1021）、時の久留里城主であり千葉氏の祖先・上総介平忠常により創建。史伝によると、千葉氏の氏神として栄え、ご神体は亀に乗った武神。源頼朝が真鶴より勝山に上陸した際、同神社で戦勝祈願したとされ、建久3年（1192）7月22日に祈願成就で現在地に移したことから、今もこの日が久留里神社の大祭日となっている。社殿は拝殿と本殿を連結したもので、神仏習合の名残を感じさせる。本殿は市の指定文化財。

●君津市浦田15

10 久留里《くるり》城跡《じょうあと》

戦国時代前半に真里谷《まりやつ》武田氏が築城したとされる。築城後、3日に1度雨が降ったという伝説から、「雨城」との名で呼ばれた。明治5年（1872）に取り壊されたが、昭和53年（1978）に本丸跡地に天守閣を再現。翌年には二の丸跡地に「君津市立久留里城址資料館」が開館した。資料館には、青年期に久留里に住んだ新井白石の書簡も展示されている。天守閣からの眺望は「ちば眺望百景」に選ばれている。

●君津市久留里字内山／資料館は9～16時30分／資料館は月曜（祝日の場合翌日）、年末年始休み／入館無料

10 久留里城跡

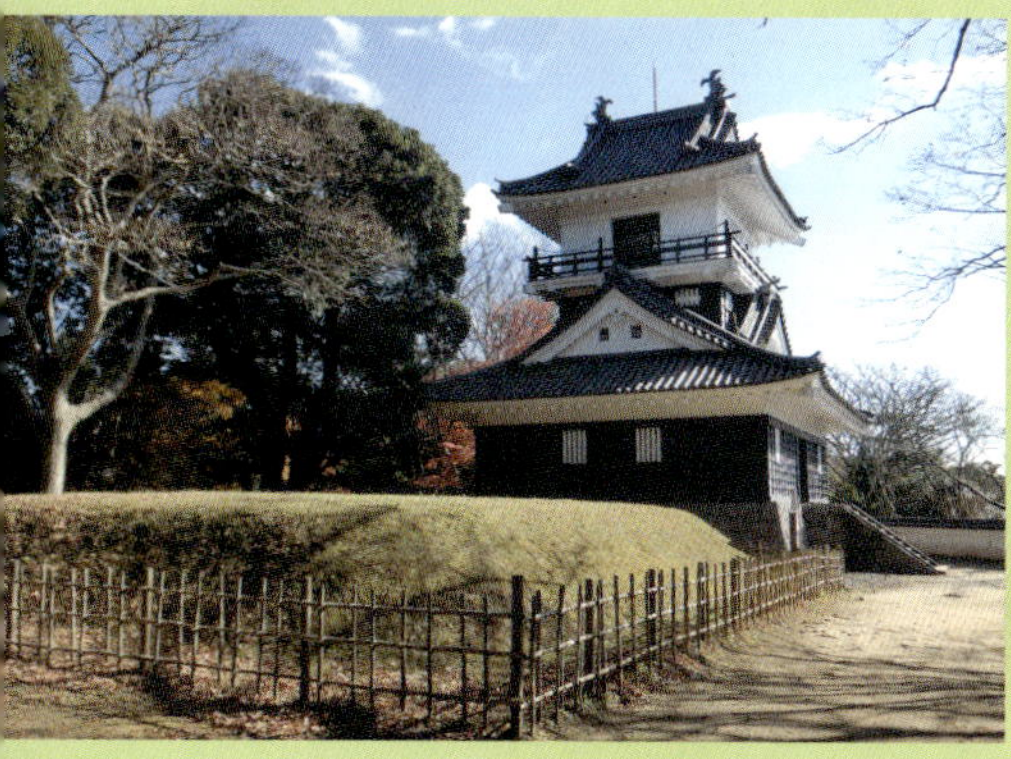

美しく再現された天守閣

9 久留里神社

一の鳥居をくぐって本殿へ

8 選擇寺

木造建築をコンクリートで忠実に模した本堂

鋸山 絶景が望める霊験あらたかな山

1500体以上の石仏が並ぶ千五百羅漢は圧巻

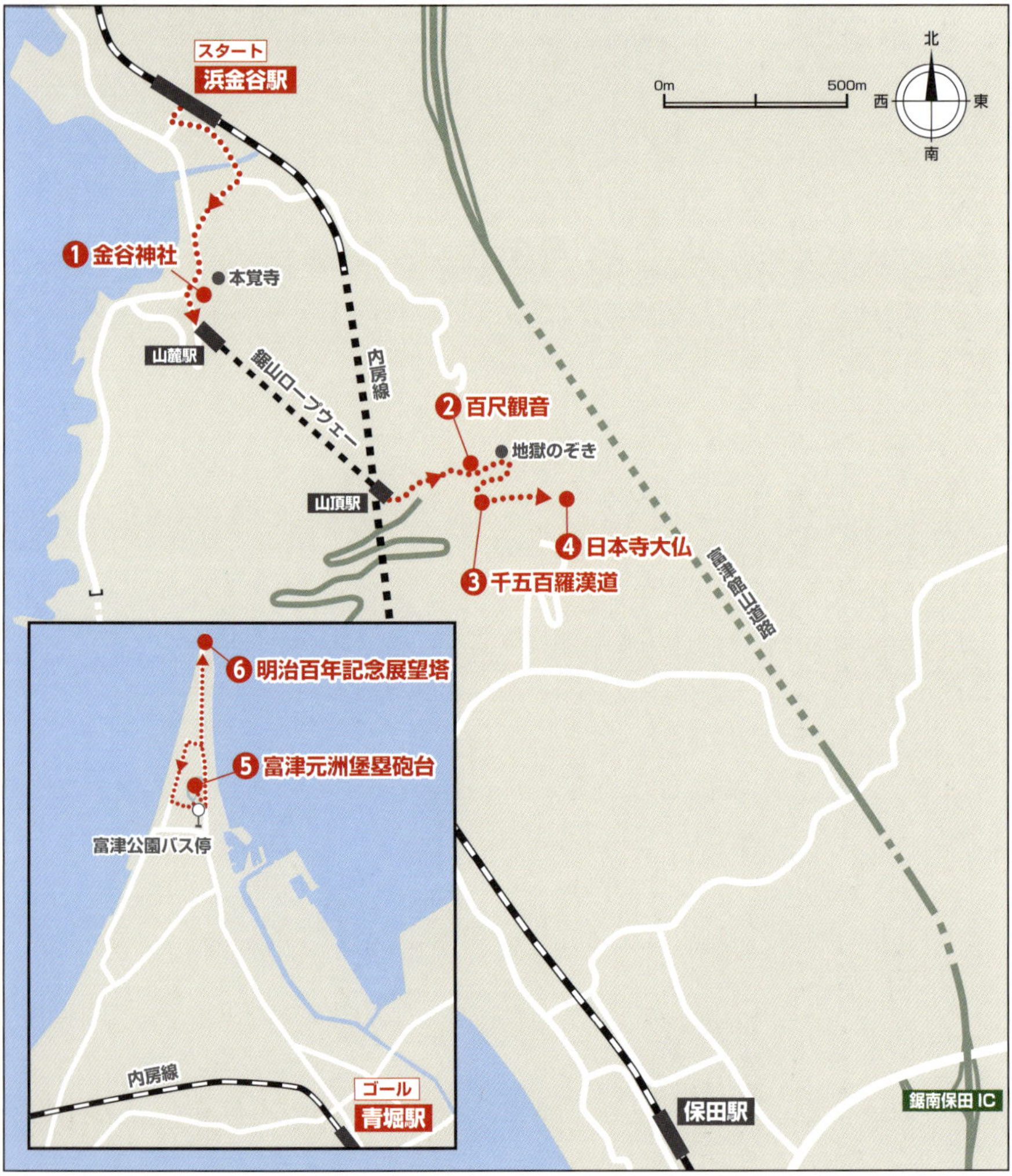

鋸山
絶景が望める霊験あらたかな山

鋸山エリアの魅力

上総と安房の境に位置する標高329mの鋸山。聖武天皇の勅命で行基によって開山された、由緒ある山寺だ。良質な房州石の産地でもあり、江戸から明治時代にかけて建材や護岸・土木工事などに用いるため、盛んに切り出された。山頂の展望台〝地獄のぞき〟からは、三浦半島や富士山が望める。

❶ 金谷神社《かなやじんじゃ》

鋸山にのぼるケーブルカーの入口の脇にある神社。豊宇気比売命《とようけひめ》を祭神に奉る。社殿の横に建つ小屋の中に、県の有形文化財である大鏡鉄《だいきょうてつ》が祀られている。鉄なのに錆びないため「鉄尊《てっそん》様《さま》」として崇められるこの鉄の塊は、直径160cm・厚さ11cmの円盤状で、重さは約1．5トン。たたらで精錬された銑鉄《せんてつ》を槌で打って鍛造したもので、片面の縁には、6cmほどの幅の枠があった形跡が残る。文明元年（1469）に、金谷神社から西へ550mほどの海中から引きあげられたと伝わる。鏡の名がつくが、実際には宮城県の塩竃神社にある鉄鍋と類似することから、製塩に使う鍋だったと推測される。

● 富津市金谷4020

❷ 百尺観音《ひゃくしゃくかんのん》

鋸山のほとんどを敷地とし、約33万㎡の境内を持つ日本寺は、神亀2年（725）に行基が開山した曹洞宗の寺院。聖武天皇の勅命により開かれた、関東最古の勅願所だ。かつて7堂・12院・100坊という規模を誇ったが、昭和14年（1939）の火災によって建物の大半が消失。現在も復興の途上

スタート JR内房線 浜金谷駅
徒歩12分
❶ 金谷神社
徒歩4分
ロープウェー山麓駅
鋸山ロープウェー
ロープウェー山頂駅
徒歩8分
❷ 百尺観音
徒歩18分
❸ 千五百羅漢道
徒歩16分
❹ 日本寺大仏
徒歩17分
ロープウェー山頂駅
鋸山ロープウェー
ロープウェー山麓駅
徒歩14分
浜金谷駅
電車（JR内房線）
青堀駅
バス（日東交通富津線・富津公園行き）
富津公園バス停
徒歩3分
❺ 富津元洲堡塁砲台
徒歩40分
❻ 明治百年記念展望塔
徒歩40分
富津公園バス停
バス（日東交通富津線）
ゴール JR内房線 青堀駅

徒歩時間の目安 2h52min
徒歩距離の目安 約8.6km

鋸山
絶景が望める霊験あらたかな山

にある。百尺観音は山頂の一角、北口管理所近くにある巨大な磨崖仏《まがいぶつ》。房州石の石切り場の跡地に彫られた観音菩薩は、神秘的な雰囲気に満ち溢れている。陸海空の安全を守るとされ、世界中の戦争と交通事故の犠牲者を供養するため、6年の歳月を経て昭和41年（1966）に完成した。高さはその名の通り100尺、すなわち約30m余りもあり、見るものを圧倒させる。

●（日本寺境内）安房郡鋸南町鋸山／8～17時／拝観料600円

3 千五百羅漢道《せんごひゃくらかんどう》

鋸山の山頂と中腹の間に位置する、1553体もの羅漢像群。安永8年（1779）から21年の歳月をかけて、上総桜井（現・木更津市）の名工・大野甚五郎英令が弟子27名とともに製作した。一カ所にある石仏像群としては、世界一の数を誇る。甚五郎は生涯をかけて羅漢を彫り続けたとされ、寛政10年（1798）に48歳で没したのち、羅漢像に囲まれるように立つ墓に埋葬された。羅漢像は風蝕によって自然に生まれた洞窟内に安置されており、一帯は常に厳かな空気に包まれている。明治初期の廃仏毀釈運動によって頭部を破壊されたものも多く、「羅漢様お首つなぎ」と呼ばれた事業によって大部分は復元されたが、一部はいまだに「首無し羅漢」のまま残されている。

4 日本寺大仏《にほんじだいぶつ》

鋸山の中腹に鎮座する大仏「薬師瑠璃光如来坐像」は、もとは天明3年（1783）に、千五百羅漢を製作した大野甚五郎英令と27名の弟子たちによって建立されたもの。しかし江戸時代末期に風蝕によって激しく傷み、頭

見どころギャラリー

1 金谷神社

ひっそりと佇む神社

2 百尺観音

大きな観音様が優しく見下ろす

3 千五百羅漢道

千五羅漢へと続く道

部の半分が崩壊してしまう。昭和に入り、彫刻家・八柳恭次氏の指導の下に復元が進められ、昭和44年（1969）に完成した。台座を合わせると、約31mの像高は奈良や鎌倉の大仏をしのぎ、日本一大きな大仏様として知られている。左手には薬壺がたずさえられ、病気平癒・無病息災などの御利益がある。

5 富津《ふっつ》元洲《もとす》堡塁《ほるい》砲台《ほうだい》

東京湾に突き出た富津岬にある富津公園。その公園の中に、大規模な砲台の跡がある。上陸してきた敵の部隊を砲撃する「堡塁」と、海上の敵艦隊を砲撃する「砲台」を兼ね備えた軍事設備で、明治15年（1882）に建設が始まり、2年後に完成した。平べったい五角形をした砲台跡は水を張った堀で囲まれ、レンガ造りの兵舎壕や弾薬庫跡などが残されており、まるで城郭のような雰囲気をかもしだしている。大正4年（1915）以降は、陸軍の試射場として使われた。

砲台の弾薬庫だった

6 明治《めいじ》百年《ひゃくねん》記念《きねん》展望塔《てんぼうとう》

富津公園がある富津岬の最端部に、ユニークな形状の展望台がそびえ建つ。盆栽などに好んで使われる「五葉松」から着想した、階段が連なるようなデザインは他に類を見ない。明治元年から数えて100年目にあたる、昭和46年（1971）に建造。展望台の頂上からは、対岸の神奈川県側はもちろん、空気の澄んだ日には遠く富士山まで見わたすことができ、関東の富士見百景にも選ばれている。

6 明治百年記念展望塔

展望台の形は松から発想を得た

5 富津元洲堡塁砲台

富津公園の中の島展望台

4 日本寺大仏

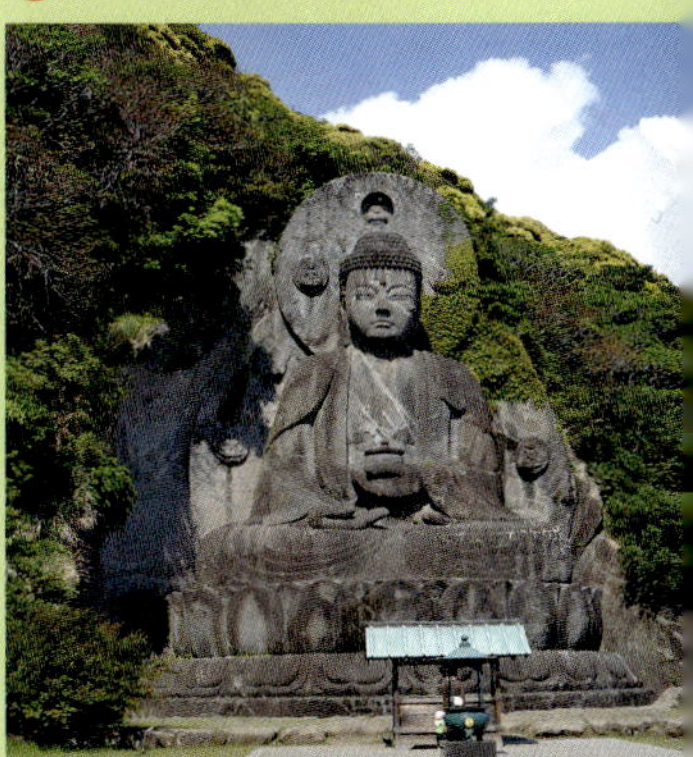
日本で一番大きな大仏

艶やかに咲く佐久間ダム公園の頼朝桜

COURSE 17

鋸南

再起を誓った源頼朝と捕鯨の地

◆平安時代
◆南北朝時代
◆江戸時代

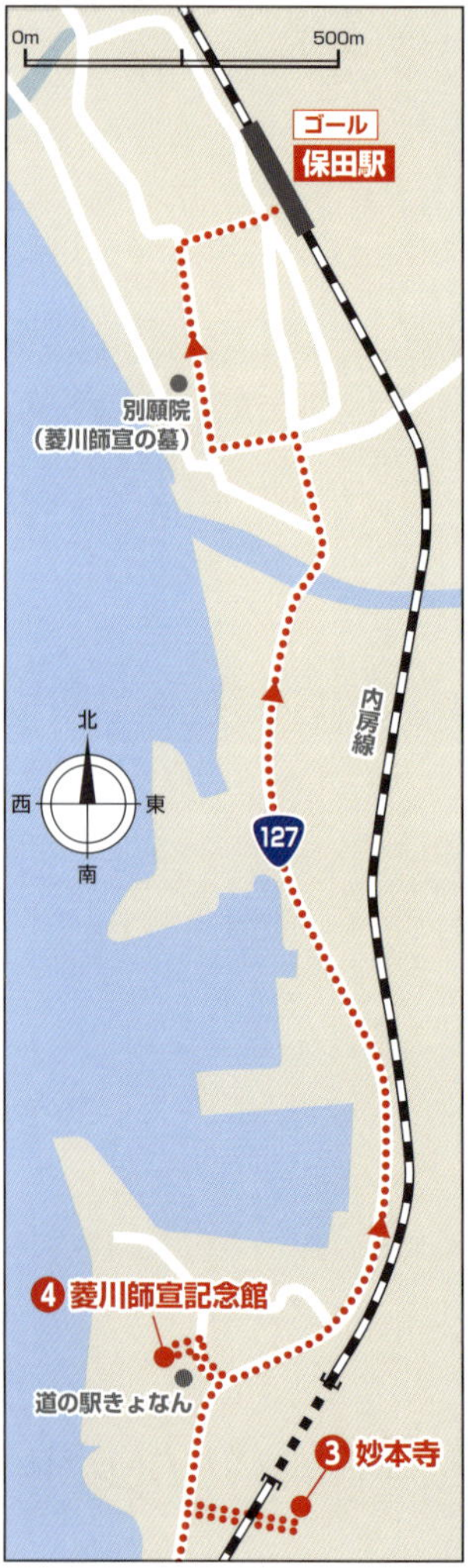

鋸南 再起を誓った源頼朝と捕鯨の地

鋸南エリアの魅力

鋸南町は源頼朝が平家討伐を目指し勢力を盛り返した歴史の変換点となった地。江戸時代には勝山の名主・醍醐新兵衛が捕鯨業を組織化し房総捕鯨発展の基礎を築いた地でもある。大黒山展望台からは里見水軍の城・勝山城跡も見える。捕鯨の里として栄えたのは水軍の技が受け継がれたためともいわれる。

❶ 大黒山展望台《おおぐろやまてんぼうだい》

勝山海岸上にそびえる大黒山頂上（標高76m）にある展望台。頂上までは遊歩道が整備されており、約10分の登山が楽しめる。城の天守閣を模した塔は勝山漁港とその周辺の街並みが眼下に臨める絶景スポット。さらに天気が良ければ大島、伊豆七島、富士山などが360度ぐるっと一望でき、夕景の撮影地としても人気が高まっている。麓には房総捕鯨の祖、醍醐新兵衛定明（初代）の墓もある。

●鋸南町勝山地先

❷ 源頼朝上陸地《みなもとのよりともじょうりくち》の碑《ひ》

鎌倉幕府を設立する12年前、治承4年（1180）、相州石橋山の合戦で平家との戦いに敗れた源頼朝は真名鶴岬（現・真鶴岬）から小舟で逃れ、わずかな供を連れて安房国平北郡猟島（勝山海岸の竜島）に上陸した。安房の武将・安西景益と竜島の村人たちは頼朝をもてなし、世話を焼いたと伝えられている。

現在、上陸地とされる場所は県指定史跡となり記念

上陸の碑が2つ並ぶ

スタート JR内房線 安房勝山駅
徒歩12分
❶ 大黒山展望台
徒歩16分
❷ 源頼朝上陸地の碑
徒歩32分
❸ 妙本寺
徒歩8分
❹ 菱川師宣記念館
徒歩34分
ゴール JR内房線 保田駅

徒歩時間の目安 1h42min

徒歩距離の目安 約5.1km

妙本寺の朱色の客殿

碑が立つ。上総介広常《かずさのすけひろつね》など房総の武将の加勢を得、この地で勢力を盛り返してのちに平家を倒し、鎌倉幕府を開くこととなる頼朝にあやかり「再起・再生」の地として注目されている。

●鋸南町竜島165・1

❸ 妙本寺《みょうほんじ》

千葉妙本寺、保田妙本寺、安房妙本寺、吉浜妙本寺とも呼ばれる。建武2年（1335）宰相阿闍梨日郷上人の開創と伝えられる、房総を代表する古刹であり、日蓮宗興門派八本山のひとつでもある。

戦国時代には北条氏と対立する里見氏に城砦として寺地を提供し、北条氏との戦いにおいて前線基地になっていたというこの寺の歴史が、里見氏の古文書などから明らかになっている。

寺宝も多く、「日蓮愛染不動感見記」は日蓮が開宗した翌年に著したとされる書で、日蓮聖人壮年期の筆跡として国指定重要文化財となった大変貴重なもの。

風情のある山門

現在の客殿は安政5年（1858）の火災で焼失したのち、元治元年（1864）に安房国の名匠・名工とされる大工や彫刻師などの手によって再建。客殿の内外を飾る躍動感あふれる彫刻（「親子龍」「両脇の蟇股」ほか）や優美な天井画（「孔雀」「天女」ほか）などはぜひ目にしておきたい。

そのほか14世紀終わりから15世紀初めの室町時代初期の様式を持つ石造宝塔は文化財未指定とはいえ、大変貴重な建造物資料である。元禄地震（1703）で海中に沈んだものをのちに引き上げ、現在の地に安置した。開基檀

見どころギャラリー

❶ 大黒山展望台

山の頂にある展望台

❶ 大黒山展望台

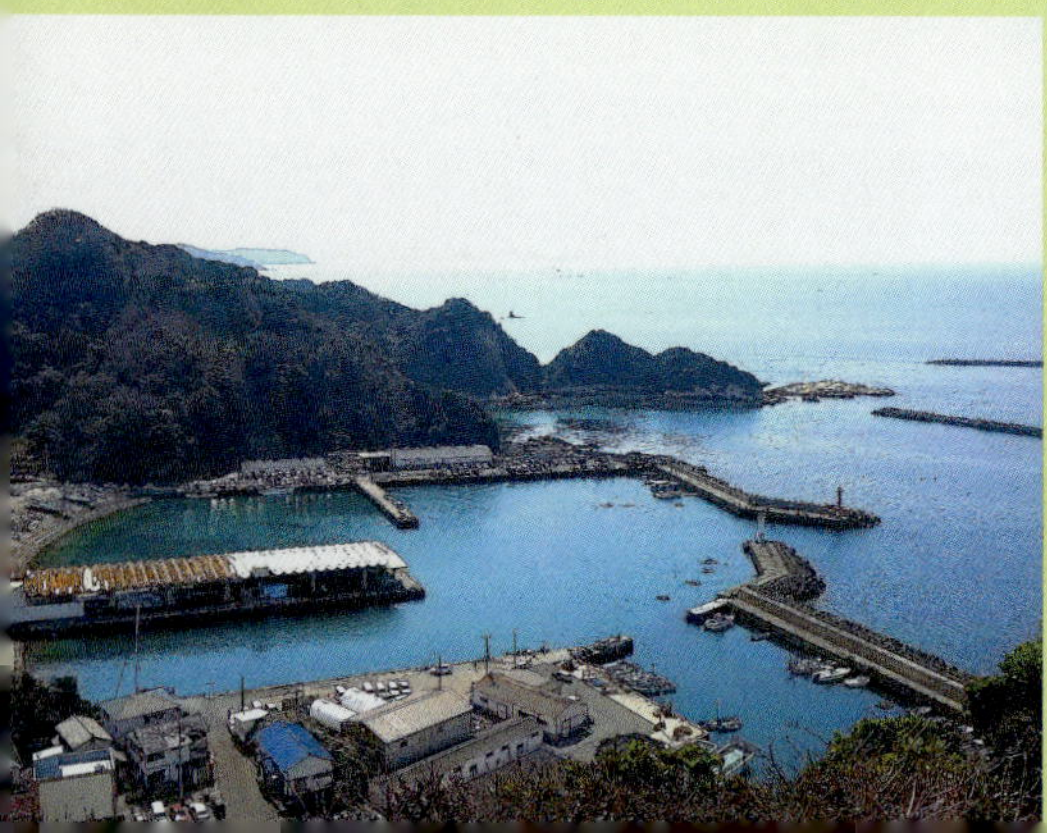
勝山漁港と街並みを眼下に望む

那の佐々宇左衛門尉夫妻の墓といわれているが、日郷上人の供養塔との説もある。

●鋸南町吉浜453

4 菱川《ひしかわ》師宣《もろのぶ》記念館《きねんかん》

優美に後ろを返り見る女性画「見返り美人図」で有名な江戸時代初期に活躍した浮世絵の祖といわれる絵師・菱川師宣。華やかな町人文化が花開いた元禄期、版下絵師として江戸庶民の人気を博し、絵画文化の大衆化に貢献した。江戸の庶民、風俗をその画材に求めることが多かった師宣だが、出身地である鋸南町保田をこよなく愛したことで知られ、その作品上には鋸南町の生まれを示す「房陽」「房國」の落款を見ることができる。

道の駅・きょなんに隣接する菱川師宣記念館では、師宣の生い立ちから江戸の人気絵師となるまでの業績を、その作品や資料を通して紹介している。さらに当時の版本、師宣以降の浮世絵師たちの作品も多数展示されており、江戸の庶民の文化や風俗、浮世絵の歴史に触れることができる。年に数回、企画展・特別展も開催する。

●鋸南町吉浜516／9～17時（入館は16時30分まで）／月曜（祝日の場合翌日）、年末年始休み／一般500円※2019年8月～11月29日まで休館予定

「頼朝桜」と、いまも親しまれる頼朝伝説

平家との戦いに敗れ、勝山海岸の竜島に上陸した源頼朝。この地には頼朝にまつわる伝説がいくつか残る。立島の人々の聞き違いで頼朝から賜った苗字の話や、角のないサザエの話など、真偽のほどは定かでないが、頼朝の人柄と竜島の人々とのほほえましい交流が目に浮かぶ。いまも親しまれる頼朝。鋸南町では早咲きの河津桜に「頼朝桜」の名を冠し毎年2月中旬頃から桜祭りを開催している。

3 妙本寺

趣きのある御影堂

4 菱川師宣記念館

記念館前には見返り美人の像も

COURSE 18

館山(1) 観音様が見守る里

山の中腹に浮かぶ「崖の観音」

館山(1)エリアの魅力

館山湾は別名「鏡ヶ浦」とも呼ばれる波が静かで穏やかな湾。北条海岸は夕暮れ時の富士山の姿が印象的な人気スポットだ。湾の北側は屏風のように切り立った山並みが続き、那古観音と崖の観音が漁民の安全と大漁を見守るように鎮座する。海、山対照的な絶景を臨めるエリアである。

① 鶴谷八幡宮《つるがやはちまんぐう》

養老元年（717）の創祀と伝えられ、初め安房国国府（現・南房総市府中）にあって、安房国の総社とされていたという。鎌倉時代の初期に八幡宮となり、現在地に移り、健保元年（1213）に源実朝が社殿を造営したと伝えられている。中世には里見氏の崇敬社となり、江戸時代に入ってからも幕府から朱印170余石を付せられ、広く崇敬を集めて栄えた。現在も毎年9月に周辺の10社の神輿が集まり五穀豊穣を祈って行われる「安房やわたんまち（別名・安房国司祭。県指定無形民俗文化財）」の例祭は、安房国の総社である名残を伝えるものであるといわれている。

社殿は拝殿と本殿を石の間でつなぐ権現造りだが、享保5年（1721）に再建された本殿（市指定文化財）は四方に縁を巡らし、欄間などに彫刻が施される流造りの様式を取り入れている。また拝殿正面の格天井に嵌め込みになった「百態の竜」の彫刻は、江戸末期～明治にかけて活躍した彫刻師・後藤利兵衛橘義光の作とされている。市指定有形文化財。

●館山市八幡68

スタート JR内房線 館山駅
徒歩32分
① 鶴谷八幡宮
徒歩44分
② 那古観音（那古寺）
徒歩38分
③ 崖の観音（大福寺）
徒歩68分
④ 大房岬砲台跡
徒歩18分
大房岬レストハウス前バス停
バス（市営路線バス富浦線・さざなみ号）
ゴール JR内房線 富浦駅

徒歩時間の目安 3h20min

徒歩距離の目安 約10.0km

崖の観音の本堂と観音堂

館山①　観音様が見守る里

②那古《なご》観音《かんのん》（那古寺《なごじ》）

養老元年（717）、行基の開基と伝えられる寺。元正天皇が病に伏したとき、行基が安置した千手観音菩薩に病気平癒を祈願したところ、天皇の病は快復。その報謝として創建されたという。石橋山の合戦に敗れ、房総に逃れた源頼朝が再興と平家討伐を祈願したことでも知られる。平家滅亡後の建久年間（1190〜99）、その霊験に感謝して本堂、三重塔、仁王門などを建立したといわれる。明治維新までは鶴谷八幡宮の別当寺をつとめていた。

元禄16年（1703）の大地震で塔堂が崩壊し、宝暦9年（1759）に再建された。多宝塔は県の有形文化財。寺には銅造千手観音立像（国重要文化財）や木造阿弥陀仏如来坐像、繍字法華経《しゅうじほけきょう》、普門品《ふもんぼん》（県指定有形文化財）などが伝えられている。

本堂横から遊歩道が整備されており、スダジイ、ヤブニッケイヤブツバキなどの極相林（市指定天然記念物）に囲まれた裏山を約40分で周遊できる。

●館山市那古1125

③崖《がけ》の観音《かんのん》（大福寺《だいふくじ》）

船形山の中腹の断崖絶壁に建てられた朱塗りの観音堂が印象的なこの寺院は、正式には普門院船形山大福寺と称する。養老元年（717）、行基の創建。その行基が東国行脚の折、地元漁民の安全と豊漁を祈願して山の岩肌の自然石に彫ったとされる磨崖仏《まがいぶつ》十一面観世音菩薩（市指定有形文化財）を本尊とする。その後、慈覚大師によって本堂が創建されたといわれている。断崖に張り付くように建てられた観音堂は江戸時代の承応2年（1653）に火災にあい、明治時代には土砂崩れ、

見どころギャラリー

①鶴谷八幡宮

毎年9月中旬に例大祭が行われる

①鶴谷八幡宮

社殿　中央に拝殿がある

大正時代には大震災に遭うなど度重なる災害に見舞われた。そのたびに再建してきたが、近年、海風による経年劣化も激しくなってきたため1年半かけて大改修を行った。平成28年（2016）7月に完成し、荒々しい岩肌と朱塗りの舞台造りの建物とのコントラストが訪れる人の目を奪う。

欄干からは眼下に館山湾、遠くに伊豆大島を望める絶景が広がっている。

●館山市船形835／天候（風雨が強い時）により観音堂内の参拝ができない場合がある

④ 大房岬砲台跡《たいぶさみさきほうだいあと》

大房岬は千葉県南房総市富浦町多田良にある館山湾と富浦湾の境目、浦賀水道に突き出た長さ2kmの岬にある砲台跡である。

江戸時代末期の弘化4年（1847）、江戸幕府が黒船来襲に備え砲台を築き、大砲10門ほどを配備したのが始まり。現在、その頃の土塁の跡を見ることができる。さらに昭和の時代に入ると、館山湾防衛や東京湾に侵入した敵艦船の攻撃を目的として、昭和7年（1932）に砲台のほか、兵舎などの付属建屋が配備され、東京湾要塞としての軍事岬となった。そのため、地図から大房岬の存在が消されていたこともあるという。

現在は大房岬自然公園として、キャンプや磯遊びなど自然体験を満喫できる公園として整備されている。

●南房総市富浦町多田良1212・29（大房岬ビジターセンター）／9～16時30分／月曜、年末年始（12月29日～1月3日）休み

探照灯を格納していた施設

④ 大房岬砲台跡

砲台の跡は花壇になっている

② 那古観音

本尊を安置する観音堂

③ 崖の観音

崖に張り付く観音堂

COURSE 19

館山(2) 里見氏の栄枯盛衰を垣間見る

丘の上から眺める館山港（鏡ヶ浦）

館山(2)エリアの魅力

安房9万石の大名として栄華を誇った戦国武将・里見氏滅亡の頃を背景に書かれた滝沢馬琴『南総里見八犬伝』。館山市はその物語の舞台として有名だ。そのほか東京湾入り口という地理条件から幕末から太平洋戦争終結まで、海上防衛の拠点であったため戦争遺跡と呼ばれる遺構が多数残ることでも知られる。

スタート　JR内房線　館山駅
徒歩36分
① 城山公園
徒歩10分
② 八遺臣の墓
徒歩10分
③ 慈恩院
徒歩50分
④ 赤山地下壕跡
徒歩4分
みやぎバス停
バス（館山日東バス・イオンタウン館山行き）
ゴール　JR内房線　館山駅

徒歩時間の目安　1h50min
徒歩距離の目安　約5.5km

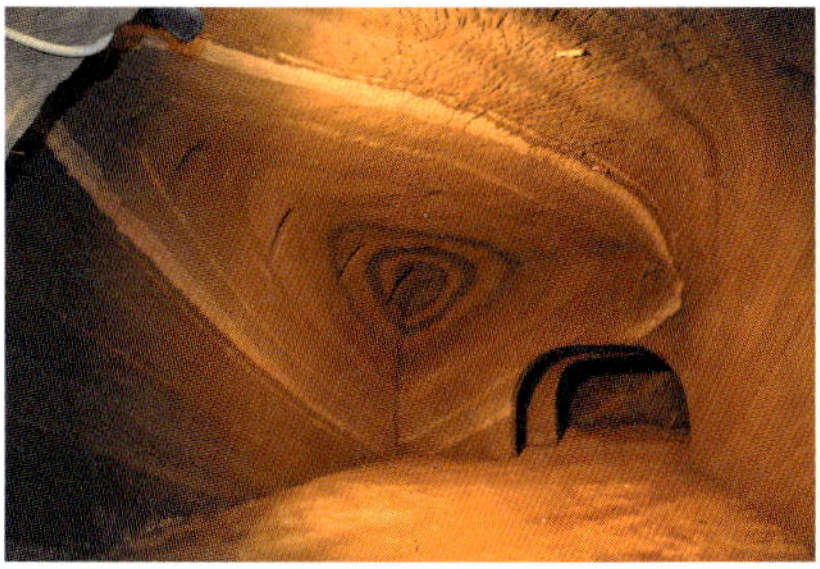
赤山地下壕跡の内部

① 城山公園《しろやまこうえん》

館山市街の高台にあり、市街地や鏡ヶ浦とも呼ばれる波静かな館山湾を見渡せる公園。この地にはかつて戦国武将・里見氏の居城・館山城があった。館山城は9代里見義康が2年あまりの歳月を費やし、天正18年（1590）に完成させた城である。だが、慶長19年（1618）、子の忠義のとき小田原の大久保忠隣《ただちか》一族失脚事件に連座して改易。城郭は壊され、忠義は伯耆《ほうき》国倉吉（現・鳥取県倉吉市）へ移された。移された先で忠義は病死、里見氏は滅亡した。

公園内には城の遺構として外堀の一部、鹿島堀が残存する。山頂には昭和57年に館山城天守閣を復元した市立博物館別館が建ち、ここは里見氏を題材に書かれた『南総里見八犬伝』に関する資料を展示する「八犬伝博物館」となっている。中腹の市立博物館本館とあわせ、館山の歴史と民俗に触れる歴史散策が楽しめる。また園内には日本庭園や万葉の径、孔雀園なども整備されている。

●館山市館山351・2／9時～16時45分／月曜（祝日の場合翌日）、年末年始休み／入館料400円（本館、八犬伝博物館と共通。特別展会期中は500円）

② 八《はち》遺《い》臣《しん》の墓《はか》

城山公園の東南麓にあり、当初は丘陵斜面の横穴が埋まって奇妙な形をしていた様子から姥神様《うばがみさま》と呼ばれ祀られていた。

後年、伯耆国倉吉（現・鳥取県倉吉市）で里見忠義が亡くなった時に8人の家臣も殉死した。その遺骨を分骨し、この地に埋葬、供養した墓とも伝えられる。『南総里見八犬伝』の八犬士のモデルであるともいわれている。

里見忠義の家臣を祀るとされる

●館山市館山

③ 慈《じ》恩《おん》院《いん》

館山城を築城した里見氏9代目・義康とその墓を供養する里見氏の菩提寺として建立された曹洞宗の寺。天正9年（1581）に義康の弟・玉峰が創建した。館山城内に祀られていた、運慶の手による千手千眼観世音菩薩、聖観世音菩薩を本尊とし、もとは里見義康の持仏堂としたのが始まりとされる。江戸時代には15万石の地を与えられていた。

寺には秘仏として義康が常に所持していたとする捻持仏や、里見氏研究の基礎となる里見氏系図、義康の自筆の寺領書など多数の古文書が伝わる。

●館山市上真倉1709

④ 赤《あか》山《やま》地《ち》下《か》壕《ごう》跡《あと》

海上自衛隊館山航空基地の裏側に位置する通称・赤山と呼ばれる小高い山に建設された地下壕。昭和10年代の初めに秘密裏に建設が始まったという証言もあるが、現在、赤山地下壕に関す

見どころギャラリー

① 城山公園

公園はつつじの名所にもなっている

① 城山公園

天守閣を復元した館山市立博物館

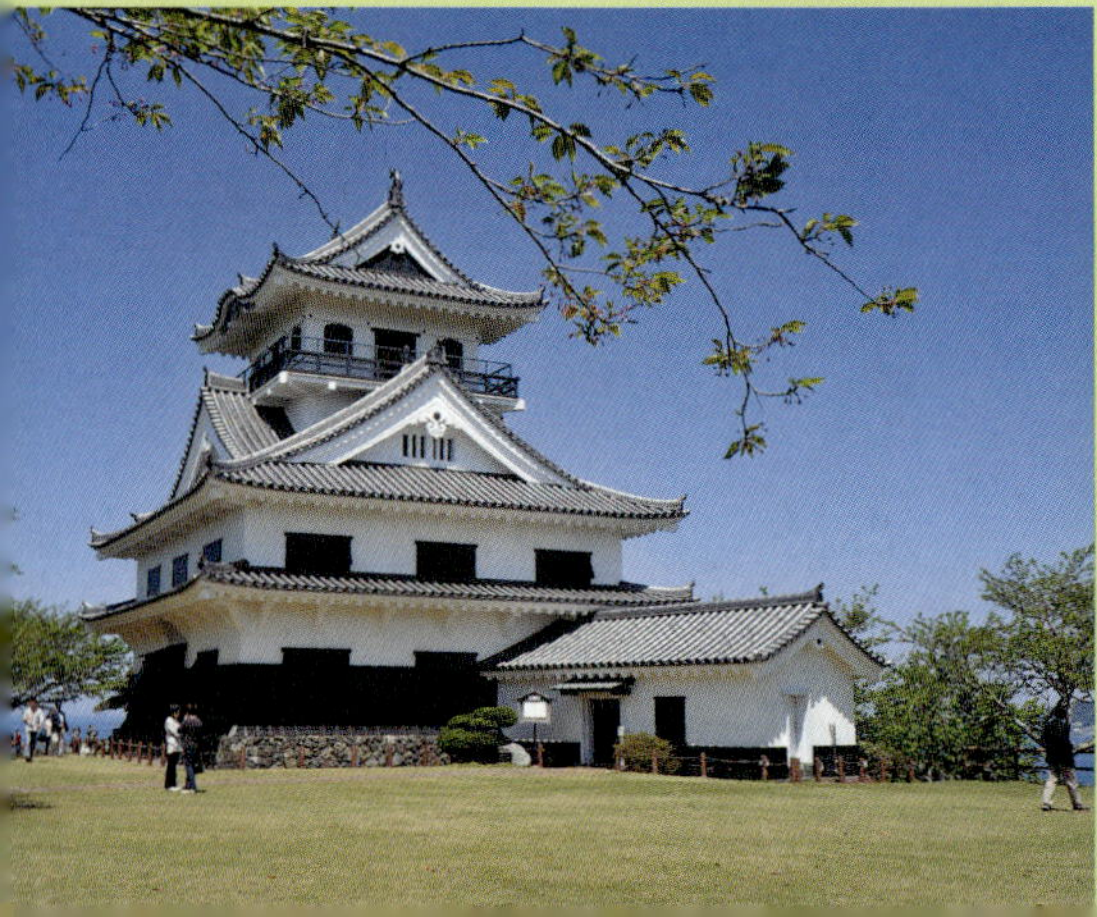

る資料がほとんど残されていないため作られた時期ははっきりしない。ただし、全長約1・6㎞と全国的に見ても大規模な地下壕が昭和16年（1941）の太平洋戦争開戦前に作られた例がないため、おそらく昭和17年（1942）より後、しかも何本も地下に走る壕と壕の間が一般的な長さより狭いため計画的に掘られたものとは考えにくく、その作りからみて終戦差し迫る昭和19年（1944）より後に建設されたのではないかと推測される。

太平洋戦争中、アメリカ軍による度重なる空襲を避けるため、館山海軍航空隊が防空壕として使用したほか、通信施設の一部や、館山各所の基地施設を防御する戦闘指揮所があったのではないかと、壕内の発電所、兵器貯蔵所、病院、兵舎跡などの痕跡から考えられている。東京湾要塞地帯に残る戦争遺跡のひとつとして市の指定史跡に登録されている。

●館山市宮城192・2／9時30分～16時（受付は15時30分まで）／毎月第3火曜（祝日の場合翌日）、年末年始（12月29日～1月3日）休み／入壕料200円

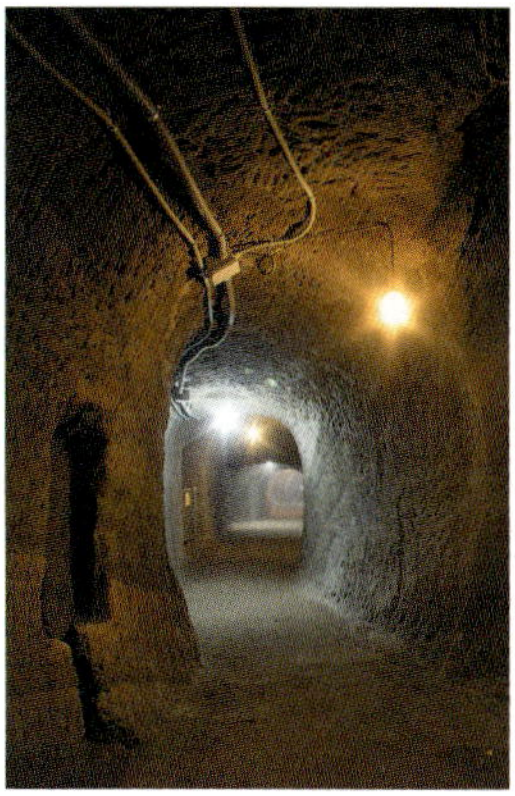
内部は複雑なつくり

戦争の記憶を今に伝える「館山海軍航空隊」関連遺構

昭和5年（1930）、旧・日本海軍は5番目の実戦航空部隊として、東京湾要塞地帯の最重要拠点である館山に館山海軍航空隊をつくる。強く海風をうける滑走路では航空母艦からの離陸を想定した訓練が行われ、当時は「陸の空母」とも称された。市内には飛行機を守る掩体壕など、航空隊に関連した遺構が多数現存する。

旧・館山海軍航空隊の基地跡は、現在、海上自衛隊館山航空基地として使われている。

4 赤山地下壕跡

その大きさは大人でも余裕で立てるほど

銚子
海運と醤油で栄えた街

遠くに見える犬吠埼灯台

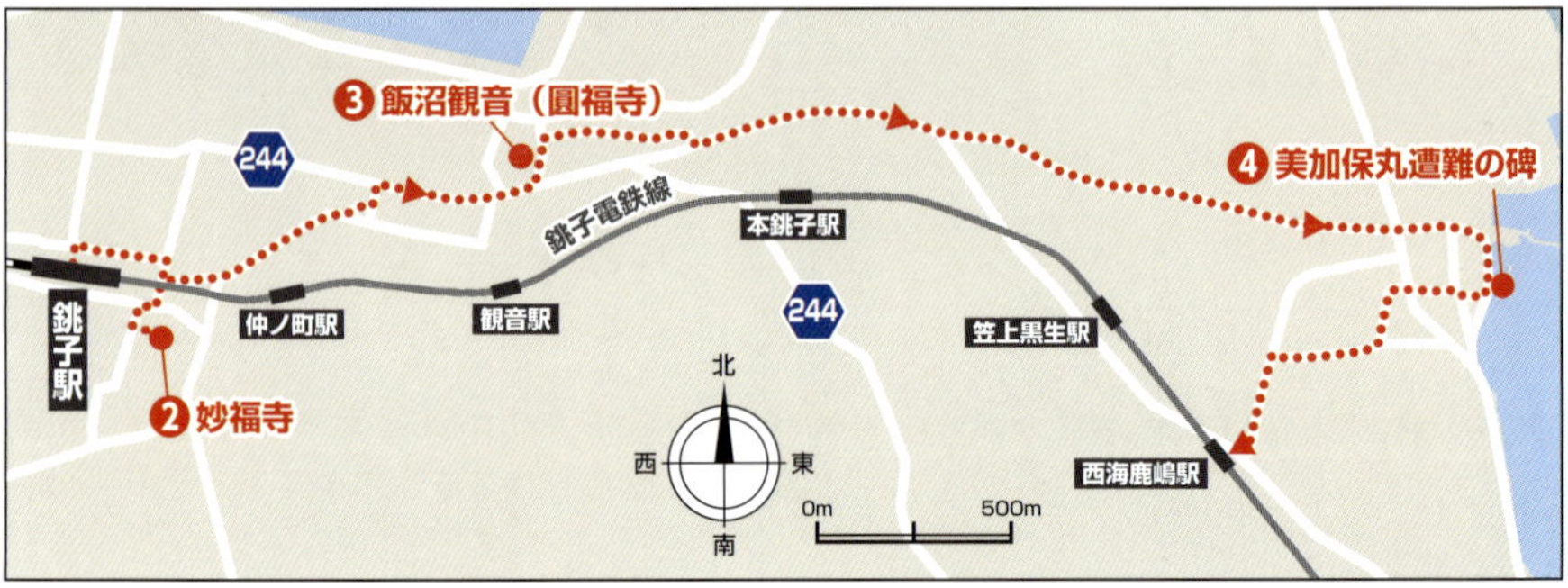

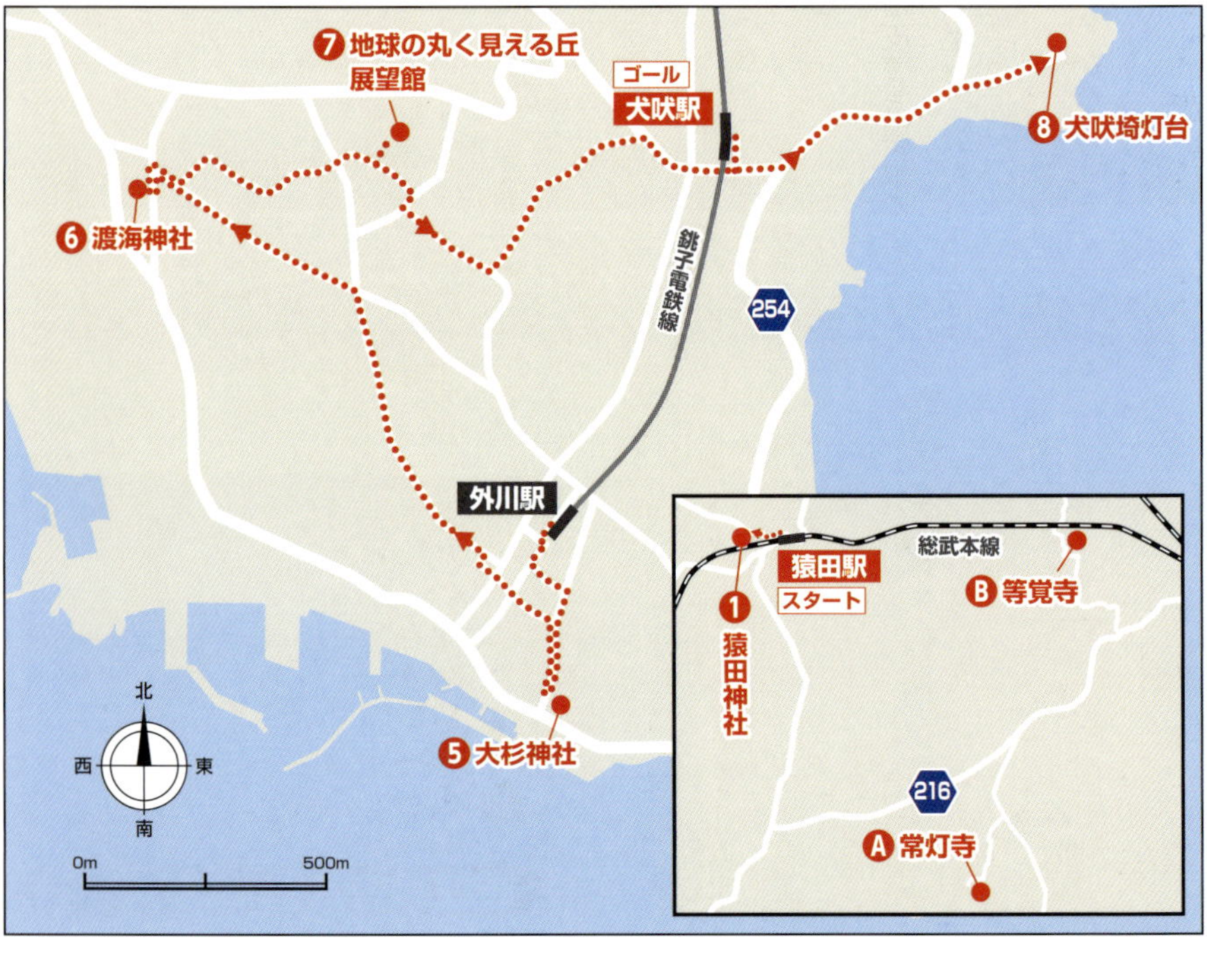

銚子エリアの魅力

広く海に面し、利根川河口から犬吠埼、屏風ヶ浦への雄大な景色を誇る銚子。中世の頃形成された飯沼観音の門前町が銚子の都市的起源とされる。寛永年間に東北地方から江戸へ米などを運ぶ中継港としてさらに発展。江戸～銚子間の利根水運の隆盛を背景に漁業と醤油醸造が盛んな街となる。

スタート JR総武本線 猿田駅
徒歩8分
1 猿田神社
徒歩8分
猿田駅
JR総武本線
銚子駅
徒歩8分
2 妙福寺
徒歩36分
3 飯沼観音（圓福寺）
徒歩54分
4 美加保丸遭難の碑
徒歩20分
西海鹿島駅
電車（銚子電鉄）
外川駅
徒歩10分
5 大杉神社
徒歩34分
6 渡海神社
徒歩12分
7 地球の丸く見える丘展望館
徒歩34分
8 犬吠埼灯台
徒歩16分
ゴール 銚子電鉄 犬吠駅

徒歩時間の目安 4h00min
徒歩距離の目安 約12.0km

1 猿《さる》田《た》神《じん》社《じゃ》

垂仁天皇25年の創祀と伝えられ、猿田彦大神を祀る古社。鎌倉時代には源頼朝をはじめ、足利氏、千葉氏などが戦勝祈願に訪れている。江戸時代に入ると徳川家康から朱印地30石を寄進されるなど武家の信仰を集めていた。現在も八方除、交通安全、七五三の祈願に訪れる参拝者が多く足を運ぶ。庚申の年（60年ごと）に式年大祭神幸祭の行事を行う。前回は昭和55年（１９８０）に行われているため、次回の開催は２０４０年になる。

三間社流造り・檜皮葺き屋根による本殿は県指定重要文化財。また境内を囲む森一帯はスダジイ、アカガシ、モチノキなどの樹木が茂り、樹下にはヒサカキ、カクレミノなどが密生する緑深い場所で、静謐な空気が流れている。

この猿田神社の森は昭和49年（１９７４）に県の天然記念物に指定された。

●銚子市猿田町１６７７

2 妙《みょう》福《ふく》寺《じ》

正和3年（１３１４）に開創された日蓮宗の寺である。もとは香取郡入山崎（現・匝瑳《そうさ》市）にあったが、正徳5年（１７１５）に銚子の地に移転した。

妙見宮本殿には聖徳太子の作と伝えられる「北辰妙見大菩薩像」が祀られている。源頼朝、豊臣秀吉、加藤清正など名立たる武将が尊崇したことでも知られる。今では天下泰平、開運勝利、福利増進、除災得幸などの願いが成就するといわれ、〝銚子の妙見様〟として多くの人に親しまれている。

また樹齢700年以上といわれる大藤棚がある。5月上旬から中旬にかけて紫色の藤の花が艶やかに咲き誇り、境内を幻想的な雰囲気で包み、訪れる人の目を楽しませてくれる。藤の見頃の時期は夜間ライトアップや「藤まつり」も開催。

●銚子市妙見町1465

3 飯沼観音《いいぬまかんのん》（圓福寺《えんぷくじ》）

神亀5年（728）、地元の漁夫が海中で網にかかった十一面観音像を草堂に安置したのが始まりとされる古刹。坂東三十三ヶ所霊場の第27番札所である。中世には、領主海上《うながみ》氏の帰依を受け、門前町が形成されていった。江戸時代にはさらに多くの参拝者が訪れ、大いに賑わった。これが現在の銚子の街へと発展した。

境内には本坊（大師堂）、庫裏、不動堂、竜王殿が並び立ち、県道244号をはさんで200m離れた場所にある観音堂（本堂）には本尊である十一面観音が安置されている。寺宝類も多く、密教系の法具である鐃《にょう》（国指定重要文化財）、梵鐘（県指定文化財）のほか、縦3・5mあまりある釈迦涅槃図（県指定文化財）は細やかな刺繍で描かれたもの。寛文9年（1669）、京都の次郎左衛門らによって縫い上げられたこの涅槃図は毎年2月15日の釈迦涅槃会の日に一般公開される。

正徳元年（1711）に鋳造された

見どころギャラリー

1 猿田神社

静かな境内に佇む拝殿

2 妙福寺

藤やつつじなどに彩られた境内

大仏の近くには、日本の河川測量の原点である飯沼水準原標石（明治5年・1872年設置）がある。

●銚子市馬場町293／6時～17時

4 美《み》加《か》保《ほ》丸《まる》遭難《そうなん》の碑《ひ》

幕末の慶応4年（1868）8月、戊辰戦争の最中、江戸幕府海軍の榎本武揚率いる幕府の軍艦8隻は銚子沖で暴風に遭い、そのうちの美加保丸が黒生《くろはい》海岸で座礁沈没、乗組員13人が死亡した。北海道・箱館へ向かう途中の出来事であった。

その後、明治15年（1882）に死者を弔うため地元の人たちの手によって遭難供養碑が建てられた。

目の前には太平洋が広がる

供養碑が建つ黒生海岸には大小無数の岩礁があり、海食を受けた奇妙な形の巨岩が数多く横たわる不思議な光景が広がる。なかには「トンビ岩」「クジラ岩」などの名前の付いた奇岩があり、目を楽しませてくれる。

●銚子市黒生町7387・5

5 大《おお》杉《すぎ》神《じん》社《じゃ》

江戸時代に入ると西国人の房総半島への進出・移住が目立つようになる。万治元年（1658）、紀州の漁師・崎山次郎右衛門が6年の歳月をかけ外川浦に漁港（現在の外川漁港）を開いた。大杉神社は外川港の一角に静かに鎮座する社である。境内には銚子の漁港発祥の地を形作った崎山次郎右衛門の碑が建つ。

また、金葉和歌集の選者といわれる源俊頼（平安時代後期の歌人、1129年頃没）の、

3 飯沼観音

堂々とした本堂

2 妙福寺

「臥龍の藤」と呼ばれている

3 飯沼観音

本堂の横には五重塔も

「磐はしる外川の滝のむすぶ手もしばしはよどむ淀むせもあれ」と外川を詠んだ歌碑もある。

●銚子市外川町1

6 渡海神社《とかいじんじゃ》

和銅2年（709）の創建と伝えられ、はじめは外川浦日和山にあったが、津波の被害により、貞元元年（976）に現在の地へ遷座された社。古くから漁業、航海の神様として信仰されている。

約6000㎡におよぶ神社を取り囲む森は、関東における典型的な海岸の極相林（松林などが枯れ、その後にシイ、タブ、ツバキなどが成長。陽樹林から陰樹林に林の様相が変化した状態）となっている。植物学上貴重な資料とされ県の天然記念物に指定されている。

●銚子市高神西町2

7 地球《ちきゅう》の丸《まる》く見《み》える丘展望館《おかてんぼうかん》

銚子半島の南端部、愛宕山山頂にあるこの展望館の屋上展望スペースからは、南西に屏風ヶ浦から九十九里浜、北は鹿島灘、筑波山を望むことができる。ぐるりと視界360度中、330度が海という大パノラマが広がり、まさに地球の丸さを実感できる。

●銚子市天王台1421・1／4～9月・9～18時30分、10～3月・9～17時30分（入館は閉館の30分前まで）／年中無休。入館おとな380円

8 犬吠埼灯台《いぬぼうさきとうだい》

太平洋に突き出た犬吠埼の突端にそそり立つ白亜の灯台は、イギリス人技師リチャード・ヘンリー・ブラントンの設計により建てられた。明治7年（1874）に完成した西洋型第一等灯台。初めて和製レンガが使用された。灯台の高さは31・57m、99段のらせん

見どころギャラリー

7 地球の丸く見える丘展望館

展望台からは水平線が見渡せる

5 大杉神社

入口では狛犬が出迎える

6 渡海神社

林の中にひっそりと建つ拝殿

階段を上ると太平洋の雄大な景色を見渡すことができる。「99段」という数は近くの九十九里浜にちなみ設計されたともいわれる。

敷地内には灯台の歴史や資料に触れることのできる資料展示館もある。入館は無料だが、灯台へ上るには入場料が必要だ。

●銚子市犬吠埼9576／8時30分～16時／年中無休（雨天など業務都合により中止の場合もあり）

A 常灯寺《じょうとうじ》

足をのばして

創建年代は不明だが、行基の創建とも伝えられる。常世田薬師とも呼ばれ、東総の三薬師のひとつとして信仰を集めている。

本堂は千葉県内にある江戸時代前期の密教系仏堂の代表とされる。本尊の木造薬師如来坐像は高さ1・41m、寄木造りの漆箔《しっぱく》像で国指定の重要文化財。毎年1月8日に薬師如来の初薬師のご開帳が行われる。

●銚子市常世田町53・1

木造薬師如来坐像
写真提供:銚子市

B 等覚寺《とうかくじ》

足をのばして

明徳元年（1390）に成就院として開基された後、いまの等覚寺と改称された。境内には江戸時代初期に銚子地方を治めた銚子城主・松平家の2～11代までの墓があり、五輪塔や供養塔なども多数建立。松平家の隆盛が偲ばれる。

鎌倉時代の中期から後期に作られたとされる木造薬師如来立像（県指定有形文化財）は、5年ごとの7月11日に一般に公開される。近年では2018年に公開されたので次回は2023年。

●銚子市岡野台町2・473

8 犬吠埼灯台

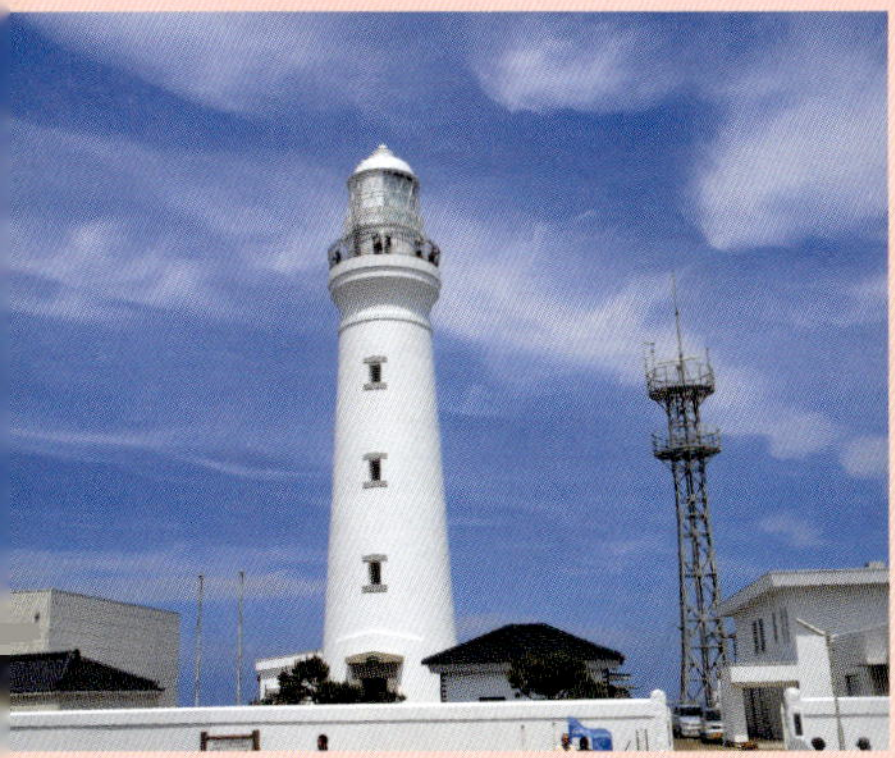
灯台は犬吠崎のシンボル

B 等覚寺

山門をくぐって境内へ

7 地球の丸く見える丘展望館

階段を登って入口へ

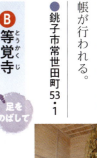

成東 伊藤左千夫が生まれ育った土地

伊藤佐千夫の生家

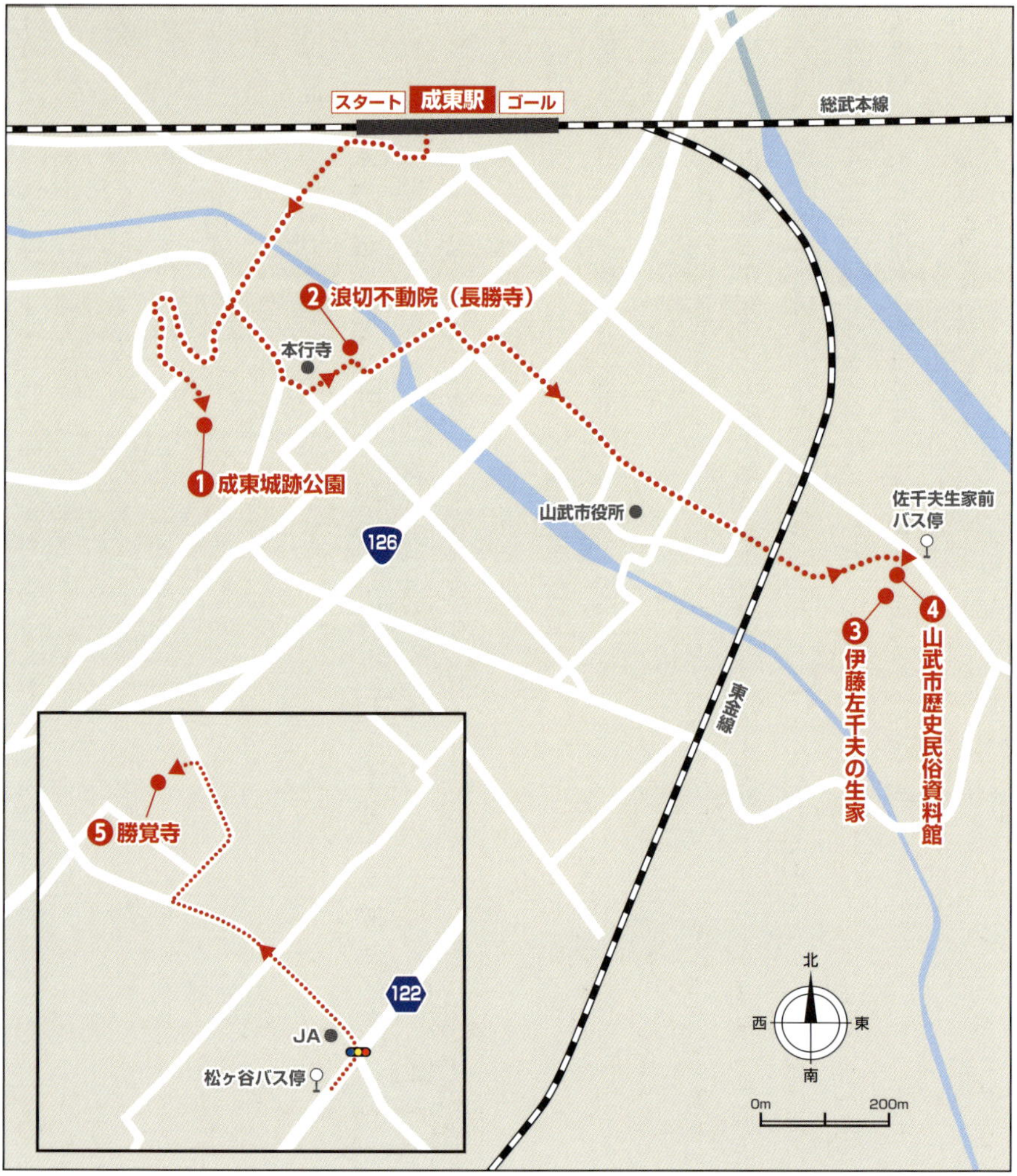

成東エリアの魅力

山武市成東は千葉県東部、太平洋に面した九十九里浜のほぼ中央に位置し、夏は海水浴に訪れる家族連れなどでにぎわうエリアだ。

『野菊の墓』を執筆し、短歌雑誌『アララギ』創刊時の主要メンバーである小説家・歌人の伊藤佐千夫の出身地として知られている。

❶ 成東城跡公園《なるとうしろあとこうえん》

標高45mの小高い台地の一角にあり、中世、千葉一族の成東氏の成東城があったといわれる。広大な外郭部を持つ戦国時代の山城で、今も本丸や二の丸の跡、空堀や土橋が比較的良好な形で残されており、戦国の往時が見て取れる。現在はテニスコート、アスレチックコースなどが整備されているほか、たくさんの草花を楽しみながら回れるハイキングコースとして市民の憩いの場となっている。園内には愛宕神社、郷土の詩人・斎藤信夫の「里の秋」の自筆歌碑が建つ。山頂広場は九十九里の景色が一望でき、特に元日には初日の出を拝もうと早朝から多くの人が訪れる人気スポットになっている。

● 山武市成東2652

- スタート JR総武本線 成東駅
- 徒歩16分
- ❶ 成東城跡公園
- 徒歩14分
- ❷ 浪切不動院（長勝寺）
- 徒歩23分
- ❸ 伊藤佐千夫の生家
- 徒歩1分
- ❹ 山武市歴史民俗資料館
- 徒歩2分
- 佐千夫生家前バス停
- バス（千葉フラワーバス海岸線）
- 松ヶ谷バス停
- 徒歩7分
- ❺ 勝覚寺
- 徒歩7分
- 松ヶ谷バス停
- バス（千葉フラワーバス海岸線）
- ゴール JR総武本線 成東駅

徒歩時間の目安 1h10min

徒歩距離の目安 約3.5km

❷ 浪切不動院《なみきりふどういん》（長勝寺《ちょうしょうじ》）

正式には成東山不動院長勝寺という、標高30mほどの石塚山の中腹にある寺。天平年間（729〜749）、この近海で難破する船が多いことを耳にした行基が海難除けとして不動尊像を彫り、一寺を建立して祀ったのが始まりとされる。

江戸の頃、九十九里の漁船が嵐に遭

い漂流した時、不動尊の常夜灯のおかげで無事海岸に上陸することができた。その灯が荒波を切り割り、海上を走ったという言い伝えから「浪切不動尊」と呼ばれるようになった。

朱塗りの山門も見事

山門をくぐり長い石段を上ると目にも鮮やかな朱塗りの懸崖造りの本堂が現れる。境内には弘法大師の袈裟掛石、硯石と呼ばれる奇岩がある。

●山武市成東2551

3 伊藤《いとう》佐千夫《さちお》の生家《せいか》

明治・大正期の小説家・歌人、伊藤佐千夫の生家は県の指定史跡である。約200年前の建築といわれる間口八間、奥行六間、屋根寄棟造り、茅葺きの母屋のほか、土蔵、茶室・唯真《ゆいしん》閣が

成東

伊藤左千夫が生まれ育った土地

建つ。歌人の正岡子規から茶博士と呼ばれたほど佐千夫は茶道にも通じており、同郷の友人である歌人・蕨真《けっしん》（蕨真一郎）が提供した山武杉で建てたのが唯真閣である。元は東京・本所茅場町の居宅に建てられたものを佐千夫の死後、成東へ移築した。現在も茶室として使用されている。

庭には佐千夫の自筆歌碑が建ち、自伝的小説『野菊の墓』映画化の際の記念樹が植えられている。

●山武市殿台393

4 山武市《さんむし》歴史《れきし》民俗《みんぞく》資料館《しりょうかん》

伊藤佐千夫の生家に隣接する施設。江戸から明治、そして現代にいたる農耕や漁業、日常生活で使われる道具類などの民俗資料のほか、土器、埴輪といった考古資料、鎌倉時代の銅造阿弥陀如来及び両脇侍立像（県指定文化

見どころギャラリー

1 成東城跡公園

城の主郭部の土塁が残る

2 浪切不動院

高い石段の上に紅色の本堂が

財）などを展示している。また館内2階には佐千夫の原稿、文具、茶道具、書簡、遺品なども多数展示され、伊藤佐千夫記念館としての役割も兼ねる。

●山武市殿台343・2／9～16時30分／月曜（祝日の場合は開館し火・水曜）、祝祭日の翌日休館。また特別休館日もあるため山武市公式サイトなどで事前に確認を／入館一般130円

5 勝覚寺《しょうかくじ》

「してんさま」の名で親しまれている。正式には萬徳山聚楽院勝覚寺といい、天暦元年（947）と寺伝に見えるがその開基はよくわかっていない。現在の釈迦堂は、元禄8年（1695）、覚眼法印の時に建立されたもの。近年では昭和40年・59年に改修、修復を行う。

釈迦堂には本尊の釈迦如来を守護するように、鎌倉時代末期の作、像高2mを超す木造四天王立像（県指定文化財）が安置されている。「してんさま」の通称はそれに由来するものだ。

覚眼法印は儒学者・荻生徂徠を援助したことでも知られる。青年時代の徂徠に「四書大全」を貸し与えるなど勉学の師でもあった。

●山武市松ヶ谷イ2058／9～16時（個人・団体とも拝観は要予約）／お盆期間中（8月5～20日）は拝観不可／釈迦堂内拝観料400円（無料公開の日もあり。詳細は四天尊勝覚寺の公式サイトで確認を）

広々とした境内に釈迦堂（左）、遍照殿（右）がある

3 伊藤佐千夫の生家

伊藤左千夫の歌碑の奥に生家がある

4 山武市歴史民俗資料館

館内には左千夫ゆかりの常設展示も

大多喜城本丸跡に復元した天守閣（県立中央博物館大多喜城分館）

COURSE 22

大多喜

緑に囲まれた山あいの城下町

◆平安時代
◆室町時代
◆安土桃山時代
◆江戸時代
◆明治時代

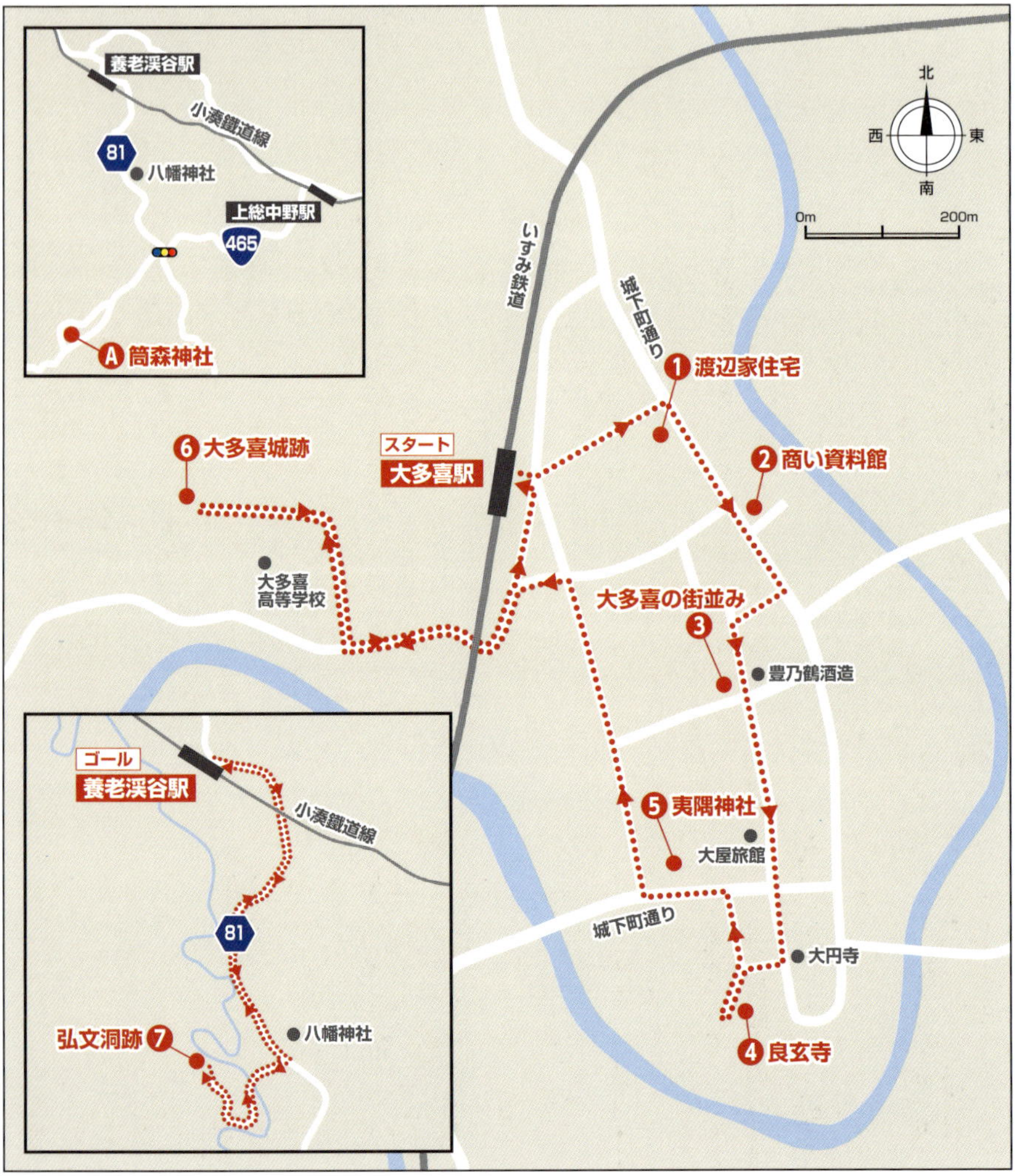

大多喜エリアの魅力

房総半島のほぼ中央部に位置する大多喜町はその約7割を山林が占める町。徳川四天王のひとりと呼ばれる本多忠勝が初代城主を務めた、大多喜城の城下町として栄えた。江戸時代から変わらぬたたずまいの屋敷や土蔵、町屋が多く点在する風情ある街並みは房総の小江戸と呼ばれている。

スタート いすみ鉄道 大多喜駅
徒歩4分
1. 渡辺家住宅
徒歩3分
2. 商い資料館
徒歩5分
3. 大多喜の街並み（豊乃鶴酒造・大屋旅館）
徒歩8分
4. 良玄寺
徒歩6分
5. 夷隅神社
徒歩18分
6. 大多喜城跡
徒歩12分
大多喜駅
電車（いすみ鉄道）
上総中野駅（乗換）
電車（小湊鐵道）
養老渓谷駅
徒歩64分
7. 弘文洞跡
徒歩64分
ゴール 小湊鐵道 養老渓谷駅

徒歩時間の目安 3h04min
徒歩距離の目安 約9.2km

① 渡《わたな》辺《べ》家《け》住宅《じゅうたく》

渡辺家は大多喜藩の御用商人で、軍用金御用達を務めた家柄、旧家である。2階建て、寄棟造りの主屋は現存する棟札の写しから、嘉永2年（1849）に建てられたことがわかっている。もとは茅葺きだった屋根が、現在は瓦葺きになった以外は、店構えや座敷など当時の上層商家建築の様子をよく伝える貴重な建物として、国の重要文化財に指定されている。内部は非公開である。

●夷隅郡大多喜町久保126

② 商《あきな》い資《し》料館《りょうかん》

平成13年（2001年）にオープンした「商いと城下町のくらし」をテーマにした資料館。土蔵造りの建物を大改修し、1階は商家の帳場を再現、2階は昔の暮らしを支えてきた生活用具や遊び道具を展示している。江戸から明治における大多喜の城下町の街並みや、商店の様子、大多喜商人の心意気を伝える。屋外の趣きある日本庭園も必見だ（陣座公園）。

●夷隅郡大多喜町久保153-1／3～10月・9～17時、11～2月・9～16時／入館無料／年末年始(12月29日～1月3日)休み

大多喜

緑に囲まれた山あいの城下町

3 大多喜《おおたき》の街並《まちな》み

江戸時代からの古い街並みが残る大多喜。歴史的な建物がいたるところにあり、その中のひとつ、豊乃鶴酒造は天明年間（1781〜89）創業の造り酒屋で、現在も酒造を営んでいる。主屋は明治7年（1874）に建てられた瓦葺き、木造2階建て。銘木の使用、大きく外側にせり出た出桁造りの2階の軒先など手の込んだ建築となっている。美しい出窓格子は趣深い。

また、大屋旅館は夷隅《いすみ》神社を中心ににぎわう新丁地区の参道脇にある門前宿。江戸時代から続く老舗旅館で、現在の建物は明治18年（1885）頃に建てられた。南北棟、木造2階建て。瓦葺き切妻屋根の平入りで、正面2階左右の戸袋に大きく屋号を漆喰で表しているのが印象的だ。明治24年（1891）、歌人・正岡子規が学生時代この宿に泊まったともされている。現在も旅館を営んでおり、そのレトロな雰囲気漂う建物はドラマなどのロケ地としてもよく利用されている。豊乃鶴酒造、大屋旅館とも国の有形文化財となっている。

●夷隅郡大多喜町新丁宿88（豊乃鶴酒造）、夷隅郡大多喜町新丁64（大屋旅館）

4 良玄寺《りょうげんじ》

文禄4年（1595）、大多喜城初代城主・本多忠勝が菩提寺として良信寺を建立したのが始まり。その後、子の忠朝が城主を継いだが、大坂夏の陣で戦死。甥の政朝が跡を取り、元和元年（1615）、忠朝の法名を取って菩提寺の名を良玄寺と改めた。この寺には忠勝の武者姿を描いた紙本著色《しほんちゃくしょく》本多忠勝像（現在は大多喜城分館が保管）が伝わる。本堂そばには忠勝と忠

見どころギャラリー

1 渡辺家住宅

2階建ての主屋

2 商い資料館

土蔵造りの建物

勝夫人、忠朝の五輪の墓碑がある。この墓所に隣接して公園が整備されており、忠勝公園として地域住民に親しまれている。

●夷隅郡大多喜町新丁180

⑤ 夷隅神社《いすみじんじゃ》

天正18年（1590）、本多忠勝が城下町を整備するにあたり、かつてこの地にあった神宮寺を栗山へ移転し、祇園院大円寺から牛頭《ごず》天王を勧進し牛頭天王社を鎮座したのが始まりとされる。明治元年（1868）、神仏分離令の発布に伴い夷隅神社と改称した。御祭神は素戔嗚尊《すさのおのみこと》、稲田姫命、大己貴命《おおなむらのみこと》の三柱の神様であることから縁結びの神社として知られる。

社殿は拝殿、本殿からなる権現造り。本殿の擬宝珠には貞享5年（1688）、拝殿の高欄にある擬宝珠には文政12年（1829）と銘があり、建築様式と手法などからもそれぞれその時代の建造と考えられる。

境内には西南戦争、日清戦争をはじめその後の戦争で亡くなった方々を弔う忠魂碑、殉職警察官の招魂碑が建てられている。

毎月5の倍数日に朝市（8～12時）が立つ。地元・大多喜町で採れた新鮮な山の幸のほか、近郊の海の幸を求めて非常に多くの人でにぎわう。

●夷隅郡大多喜町新丁63・12

⑥ 大多喜城跡《おおたきじょうあと》

夷隅川の蛇行による曲流部に張り出した半島状の台地上に大多喜城跡がある。城跡は現在、その大部分が千葉県立大多喜高等学校の敷地となっている。

城は戦国時代から所在し、大永元年（1521）、甲斐（山梨県）の守護武

④良玄寺

本多忠勝を弔う寺院

③大多喜の街並み

大屋旅館

③大多喜の街並み

豊乃鶴酒造

大多喜
緑に囲まれた山あいの城下町

田氏の流れをくむ真里谷《まりやつ》（木更津市）の城主・武田信興の次男・信清の築城と伝えられ、大多喜根古屋城と称していた。天正18年（1590）、徳川四天王のひとりといわれた本多忠勝が家康より10万石を拝領して根古屋城城主となったが、城の防備が近世の戦いにそぐわないと判断し、新たな城の建築に着手した。それが今に遺構を残す大多喜城である。

　城構えは本丸、二の丸、三の丸に分かれ、本丸跡の周囲にはわずかながらも土塁が、二の丸跡には大井戸が残る。この大井戸は築城の際、忠勝が掘らせたもので、井戸の周囲は17m、深さは20m以上あり、「底知らずの井戸」と呼ばれ、当時は井戸車16個で水を汲み上げていたと伝わる。城内に現存する井戸として日本一の大きさを誇るこの井戸は、薬医門とともに大多喜高等学校の敷地内にあり、県指定史跡となっている。

　本丸跡には天守閣を復元した県立中央博物館大多喜城分館が建ち、房総の中世・近世の城郭とそれにかかわる武器・防具や調度品、古文書など武家や城下町の生活などを紹介する資料が展示されている。

●夷隅郡大多喜町大多喜481（博物館）／9～16時30分（入館は16時まで）／月曜（祝日の場合翌日）、年末年始休み。その他展示替期間は休館。

7 弘文洞跡《こうぶんどうあと》

　養老川沿いの約1.2kmの自然遊歩道沿いにある景勝地。明治の初め頃、耕地を開拓するため、養老川の支流である夕木川（別名・蕪来川）を川廻し（川の流れを変え、干上がった部分を田にする工事）して作った隧道である。

　弘文天皇と十市姫にゆかりの深い高塚や筒森神社のそばを流れ、養老川本

見どころギャラリー

5 夷隅神社

拝殿と本殿からなる社殿

6 大多喜城跡

二の丸跡に残る大井戸

流の合流地点にあることから「弘文洞」と命名された。養老渓谷において景勝地、釣り場のポイントとして広く知られる。以前は隧道の上部がつながり道が通っていたが、昭和54年（1979）5月24日未明、突如その上部が崩落し、現在の姿となった。

●夷隅郡大多喜町葛藤／自動車利用の場合、圏央道・木更津東I.C.から約21㎞、約30分。鉄道、路線バス利用の場合、いすみ鉄道・小湊鐵道の上総中野駅下車、渓谷駅行きバスで、弘文洞入り口もしくは養老館前バス停で降車、または小湊鐵道の養老渓谷駅からもバスなどでアクセスできる。

A 筒森神社《つつもりじんじゃ》

足をのばして

大津の都（現・滋賀県）で壬申の乱の戦に敗れた弘文天皇とその妃・十市姫の伝説が残る神社。弘文帝の子を宿しながらも大津から東国・筒森の地に命からがら落ちのびた十市姫は出産の時を迎えるが、生まれた子とともに命を落とす。筒森の住人はこれを哀れに思い、手厚く弔おうと社を建てたのが筒森神社の始まりとされる。

天慶8年（945）に社殿が作られ、御筒大明神と呼ばれていたが、明治5年（1872）に現在地に遷宮、社名を筒森神社と改めた。

●夷隅郡大多喜町446

歴史に千葉の名が!? チバニアン・地磁気逆転の地層

方位磁石で方角を知るとき「N極は北でS極は南」が常識……ではなかった時代があった。地球の磁場（N極とS極の向き）は過去360万年の間に11回も逆転（地磁気逆転という）を起こしてきた。最後に起きた逆転は約77万年前。なんと養老川岸の地層にその痕跡が残されているのだ。約77万～13万年前までの時代を「チバニアン（千葉時代の意）」として地球の歴史に名を残せるのか注目が集まっている。

7 弘文洞跡

もともとは隧道の形だった

COURSE 23

勝浦

徳川家康側室ゆかりの漁師町

岬の先端にある八幡岬公園

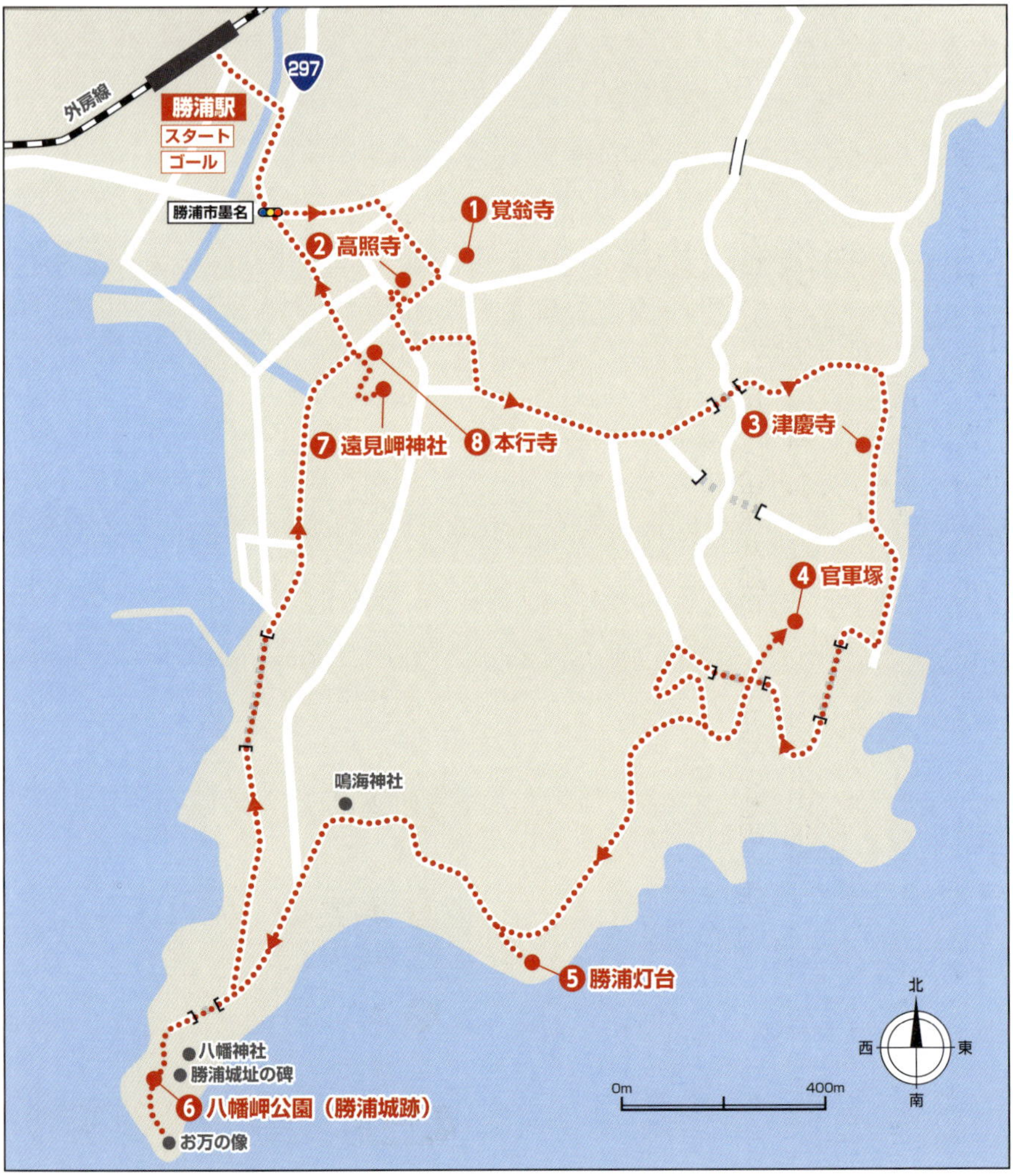

勝浦エリアの魅力

勝浦市は房総半島南東部、太平洋に面したダイナミックな景観が広がる街。勝浦の名は、天然の良港、すなわち勝れた浦の意に由来するともいわれ、文字通り古くから漁師町として栄えた。海にまつわる伝承や史実を伝える史跡が数多く、黒潮に育まれた歴史と文化を肌で感じる街である。

スタート JR外房線 勝浦駅
徒歩16分
① 覚翁寺
徒歩4分
② 高照寺
徒歩30分
③ 津慶寺
徒歩30分
④ 官軍塚
徒歩18分
⑤ 勝浦灯台
徒歩24分
⑥ 八幡岬公園（勝浦城跡）
徒歩34分
⑦ 遠見岬神社
徒歩2分
⑧ 本行寺
徒歩16分
ゴール JR外房線 勝浦駅

徒歩時間の目安 2h54min
徒歩距離の目安 約8.7km

① 覚翁寺《かくおうじ》

慶長年間（1596～1615）に勝浦藩主植村家によって勝浦城内に創建された浄林寺が始まり。その後、寛永11年（1634）、勝浦城主2代・植村泰勝が死去した時に浄林寺を現在の地に移し、泰勝の幼名・覚翁丸をとって寺名にした。植村家代々の菩提寺であり、寺の一隅には植村家5代の墓や宝篋印塔《ほうきょういんとう》（市指定有形文化財）が現存している。

本尊の阿弥陀如来三尊立像は慈覚大師の作と伝えられる。また本堂には波の伊八といわれた初代・武志伊八郎信由の表裏両面彫りの欄間が残されている。文化2年（1805）、伊八が52歳の頃の作品。市指定有形文化財。

●勝浦市出水1297／10名以上の団体は案内料としてひとり300円が必要

② 高照寺《こうしょうじ》

日実が開基した日蓮宗の寺。文明12年（1480）に創建された。勝浦朝市発祥の地碑が建つ。

境内東側墓地には乳公孫樹《ちちいちょう》と呼ばれる根回り10m、高さ9m以上のイチョウの木が植わっている（県指定天然記念物）。100年ほど前に発生した勝浦火災で中心となる幹の上部は枯れて

勝浦
徳川家康側室ゆかりの漁師町

欠損しているが、四方に広く枝を伸ばし、その樹下には大小合わせて100以上の乳柱(乳房状突起の気根)が垂れ下がっている。樹齢は不明だが、1000年以上とも。寺には「昔、乳が出ずに悩む母親に高照寺の僧がお経をあげたところ、乳がよく出るようになり、乳飲み子もよく成長した。この僧の死後、里の人は徳を偲び墓上にイチョウの木を植えると、たくさんの乳柱が出てくるようになった。乳の出が悪い母親がこのイチョウの幹に触れるとたちまち乳の出がよくなる」という乳公孫樹にまつわる言い伝えが残されている。

●勝浦市勝浦49

3 津慶寺《しんけいじ》

もとは真言宗の寺であったが、正応3年(1290)、当時の住職・真言律師日文が日蓮聖人の直弟子のひとり・日持上人との法論に敗れ、日蓮宗に改宗したとされる寺。

石段を上がり、目の前に本堂、さらに向かって左側に千葉県下唯一のものである佛足石がある。佛足石は釈迦の足跡を石に刻み、信仰の対象としたもの。石碑には天保2年(1831)に据えたとする由来が記されている。寺のある川津地区は近世初期、紀州漁民の移住者が数多く暮らした場所といわれ、この佛足石もこれら移住漁民の手によって運ばれてきたものとみられる。市指定有形文化財。

この寺には、幕末から明治にかけての戊辰戦争時、箱館五稜郭制圧に向かう途中に川津沖で遭難した肥後藩士の過去帳がある。境内には難破した艦から引き揚げた揚錨機、遭難の碑も建てられている。

●勝浦市川津1655

見どころギャラリー

1 覚翁寺

「波の伊八」作の欄間が残る本堂

4 官軍塚

戊辰戦争時に遭難した熊本藩兵を供養

3 津慶寺

本堂。そばの建物に佛足石がある

4 官軍塚《かんぐんづか》

新政府軍と旧幕府軍との間で勃発した戊辰戦争の最中、箱館五稜郭に陣を張る旧幕府軍の海軍副総督・榎本武揚の鎮圧を命ぜられた新政府軍の津軽藩主・津軽承昭《つぐあきら》は、実兄が肥後熊本藩主・細川韶邦《よしくに》であった縁を頼り、肥後熊本藩に援軍を要請した。

明治2年（1869）、肥後熊本藩は米国汽船を雇い、350余人の軍勢を箱館に向かわせた。しかし、「関東の鬼ヶ島」と漁師の間で呼ばれていた岩礁地帯の難所である川津沖で大暴風雨に遭い、難破してしまう。川津の住民をあげての救助の甲斐なく、200名を越える犠牲者が出た。地元ではこの時の犠牲者を埋葬、供養した。明治11年（1878）に華立巌碑が建てられ、のちに官軍塚と称するようになった。

そばには熊本出身の俳人・中村汀女が同郷の肥後藩士を偲んで詠んだ句碑のほか、歌人・斎藤茂吉の歌碑もある。

●勝浦市川津1394

5 勝浦灯台《かつうらとうだい》

大正6年（1917）2月に竣工、海抜71mのひらめヶ丘に建設された白亜八角形の灯高21mの中型灯台。外洋航路の安全に重要な役割を果たしている。勝浦航路標識事務所敷地内にある施設のため、間近での見学はできない。

しかし立地は太平洋を望む景勝地であり、この丘から見る日の出の美しさでも知られている。

6 八幡岬公園《はちまんみさきこうえん》（勝浦城跡《かつうらじょうあと》）

八幡岬の丘陵地は勝浦城の曲輪があったところで、現在は城址公園として整備されている。

5 勝浦灯台
八角形をした白亜の灯台

5 勝浦灯台
ひらめヶ丘に建つ

勝浦

徳川家康側室ゆかりの漁師町

勝浦城は八幡岬の先端に突き出るように築城された典型的な中世の海城。天正18年（1590）、豊臣秀吉の小田原攻めに際して、勝浦城は本多忠勝や植村泰忠らの攻撃で落城した。この時、城主・正木頼忠の娘・万は13歳。城を追われた万は母と幼い弟を背負って逃げ、八幡岬の50mを越える断崖に白い布を垂らして海へ降り、小舟で伊豆方面へ逃げ延びたという「お万の布さらし」伝説が残っている。その後、お万は徳川家康の側室となり、紀州徳川家、水戸徳川家の祖となる頼宣と頼房を生む。ちなみにおなじみの水戸黄門はお万の孫にあたる。現在、八幡岬の先端には太平洋を見下ろすようにしてお万の像が建てられている。

江戸時代は異国船の来航や遭難など海防が大きな課題であった。そのため、文政8年（1825）、幕府より異国船打払い令が発布されると、八幡岬先端の高台、現在お万の像が立つあたりに、異国船防御のため岩槻藩が砲台を設置した。

●勝浦市浜勝浦221

⑦遠見岬神社《とみさきじんじゃ》

神代の昔、土地の人々が房総開拓の祖神とされる天富命《あめとみのみこと》を祀った祠が始まりと伝えられ、天文4年（1535）に本社の造営が成就。里見・正木氏や近郊の領主たちの信仰を集めていたといわれている。もとは富大明神と称され、八幡岬の沖合にあった富貴島にあったが、慶長6年（1601）の津波で流されたため、万治2年（1659）に現在の場所に建立された。現在の社殿は嘉永2年（1849）に造営されたもの。明治4年（1871）、遠見岬神社と改称し郷社に選定された。高台にあり、勝浦市街や勝浦湾を一

見どころギャラリー

⑥八幡岬公園

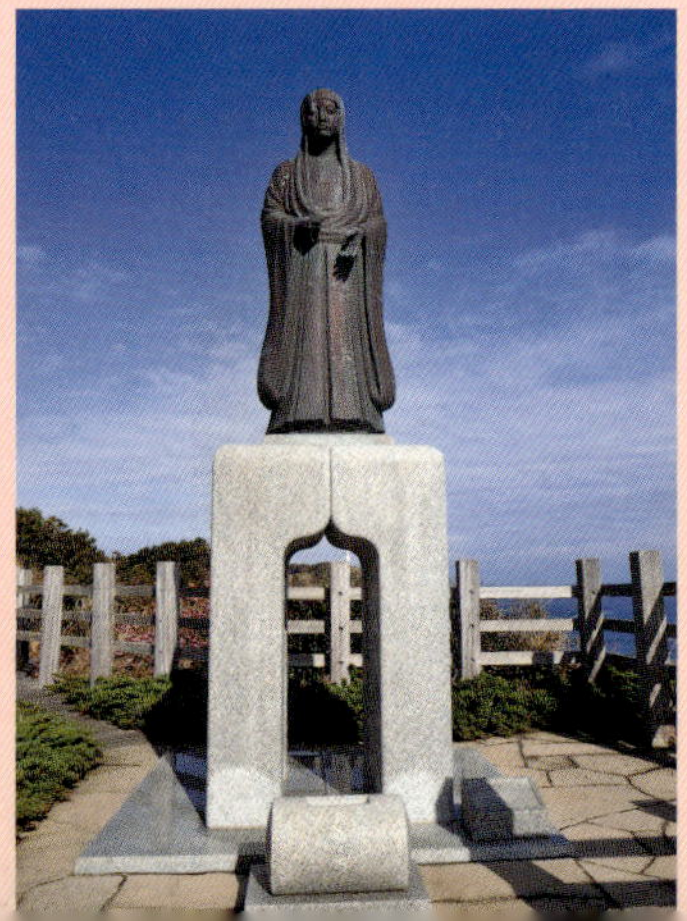

家康の側室・お万の像が海を見下ろす

⑦遠見岬神社

拝殿。天富命(あめのとみのみこと)を祀る

望できる。毎年2月下旬から3月に開催される「かつうらビッグひな祭り」では神社の60段にもおよぶ石段にひな人形がズラリと飾られる。その数およそ1800体のひな人形が並ぶ様子は圧巻のひと言。夕刻からはライトアップもされ、40万人もの観光客が訪れる春の人気イベントとなっている。

●勝浦市浜勝浦1

8 本行寺《ほんぎょうじ》

山号を長寿山という。暦応2年（1339）、日続によって、真言宗から日蓮宗に改宗したと伝えられる。天文19年（1550）には池上本門寺より日現上人が来山し、ここで200日間の大布教会を行った。この大布教会を始まりとする、一般には上総五十座説法と呼ばれる説法会が現在も続いて行われている。また、享保8年（1723）、池上本門寺より日蓮聖人の御歯骨を分与された。

寛政5年（1793）に建造された釈迦堂は三間堂で重層方形造りの桟瓦《さんがわら》葺き。棟上げに擬宝珠を乗せている。千葉県内でも重層建築の釈迦堂はめずらしく、日蓮上人の御歯骨を納める舎利塔の意も含んで重層にしたのではないかと考えられている。市指定文化財。境内には松尾芭蕉の句碑もある。

●勝浦市浜勝浦10

ひっそりとした本堂

8 本行寺

重層建築の釈迦堂は珍しいとされる

7 遠見岬神社

遠見岬神社のほか市内各所で行われる「かつうらビッグひな祭り」

COURSE 24

鴨川

「波の伊八」の面影が残る

◆鎌倉時代 ◆江戸時代

鏡忍寺の「降神の槙」

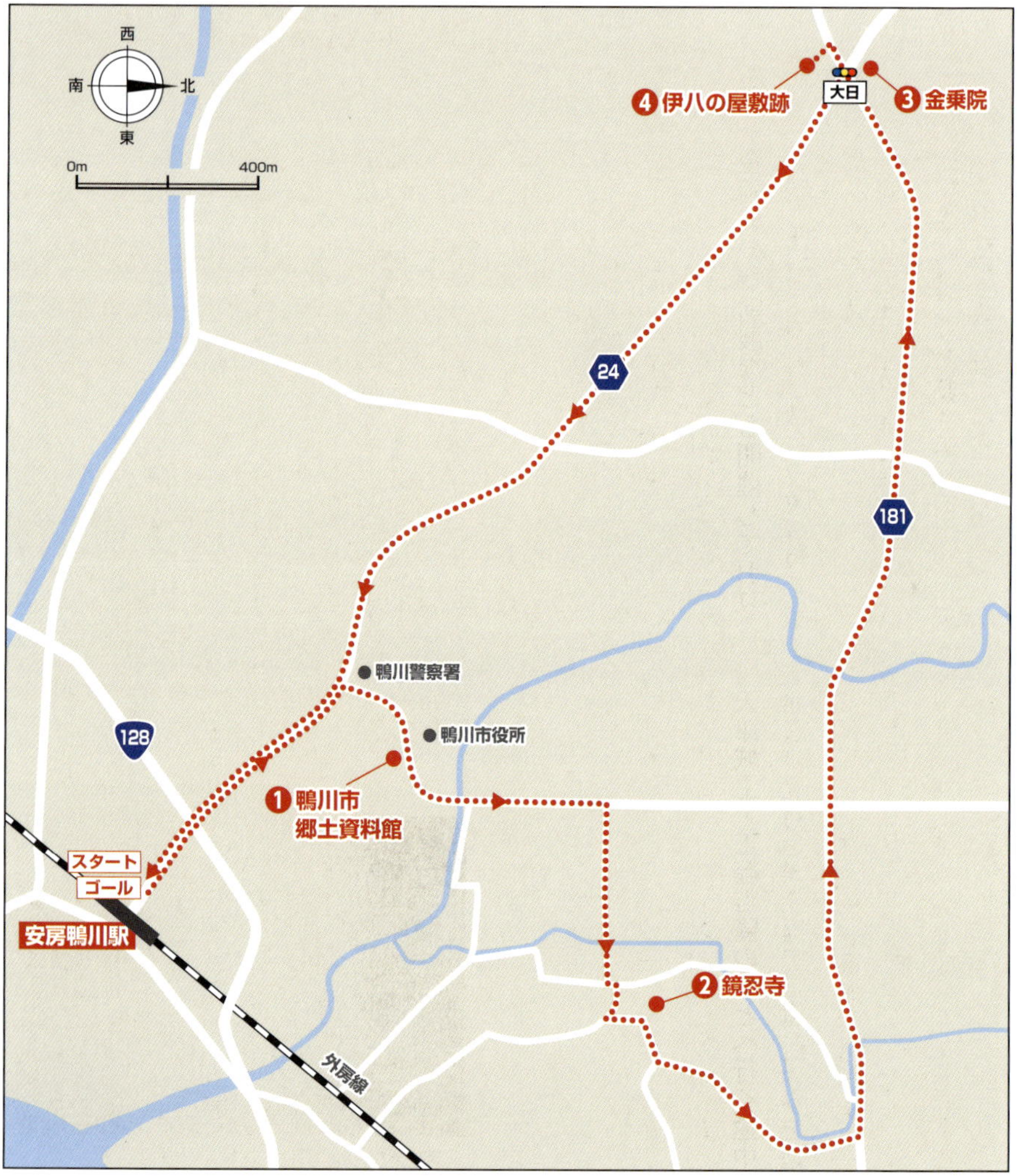

鴨川エリアの魅力

日本屈指の水族館や山と海の風光明媚な景色が人気の鴨川市だが、日蓮聖人の生誕地としても有名。市内には日蓮ゆかりの寺院や文化財などが多く点在する。また、江戸時代の彫刻師・波の伊八こと武志伊八郎信由もこの地の出身。市内の寺社の欄間彫刻などに優れた作品を残している。

スタート JR内房線・外房線 安房鴨川駅
徒歩18分
1 鴨川市郷土資料館
徒歩20分
2 鏡忍寺
徒歩56分
3 金乗院
徒歩4分
4 伊八の屋敷跡
徒歩48分
ゴール JR内房線・外房線 安房鴨川駅

徒歩時間の目安 2h26min
徒歩距離の目安 約7.3km

金乗院大日堂の欄間に残る伊八作「向拝の竜」

1 鴨川市郷土資料館《かもがわしきょうどしりょうかん》

鴨川の昔の暮らしを身近に感じることのできる、約9000点の郷土資料や文化遺産を収蔵、展示している。農家の暮らしの様子の一部を再現したスペースや、明治期以降の教科書などが常時展示されているほか、鴨川出身の元・大蔵大臣水田三喜男氏のコレクション、歌人・古泉千樫、彫刻師・波の伊八の特別展示もある。

また、併設の文化財センターには市内の遺跡から出土した石棺や土器、石器などの考古資料も展示。そのほか、企画展や特別展なども開催しており、手軽に鴨川の歴史が学べ、散策の手がかりとして最適だ。

●鴨川市横渚1401・6／9時～17時／月曜（祝日の場合翌日）、祝日の翌日、年末年始休み／入館おとな200円

2 鏡忍寺《きょうにんじ》

文永元年（1264）11月、鎌倉から小湊へ戻っていた日蓮は信者である天津城主・工藤吉隆のもとへ行く途中、他宗の批判を繰り返す日蓮に恨みを抱く地頭・東条景信に襲われ負傷した。この出来事が「小松原の法難」で、この時討ち死にした弟子の鏡忍坊と工藤吉隆の菩提を弔うため、日蓮を開山として、弘安4年（1281）、弟子の日隆（吉隆の子）が日蓮らが襲撃されたその場所に建立したとされる。

境内には樹木が多く茂っているが、中でも「降神の槙」には日蓮聖人一行が景信に襲われた時に鬼子母神がこの槙の木の上に現れ、日蓮を守ったという伝承が残されている。大きな枝を広げている姿は圧巻。また、祖師堂前には鏡忍坊を葬ったという小塚、吉隆の墓と伝わる上人塚のほか、難にあったとき傷を洗ったとされる「傷洗井」がある。

江戸時代初期から中期頃に建てられた向唐門は市の有形文化財。祖師堂には初代・伊八作の蛙股彫刻「竜・犀・麒麟・牡丹」と欄間を飾る「七福神」を見ることができ、その細工の精緻さは見事だ。その初代・伊八の墓もある。

●鴨川市広場1413

③ 金乗院《こんじょういん》

真言宗智山派の寺院。安房国八十八ヶ所弘法大師霊場53番札所になっている。初代・伊八の生誕地にも近い。

参拝者を迎える仁王門には4代目、5代目・伊八による波の彫刻を見ることができる。大日堂の正面の欄間に「酒仙の図」が彫られている。これは、安永8年（1779）、初代・伊八28歳の時の作品で、傑作との評価が高い。7人の若い酒好きの仙人たちが歌い踊るさまを奥行、立体感を伴って巧みに表現したものだ。「酒仙の図」は市の有形文化財。

同じく大日堂には初代・伊八の代表作ともいえる安永8年（1779）6月に製作された「向拝の竜」が正面を飾っている。裏面に「武志伊八郎信由」の刻銘があり、市内では「信由」と名乗った作としては最初期の作例と

見どころギャラリー

① 鴨川市郷土資料館

館内には鴨川ゆかりの文化人たちの展示も

② 鏡忍寺

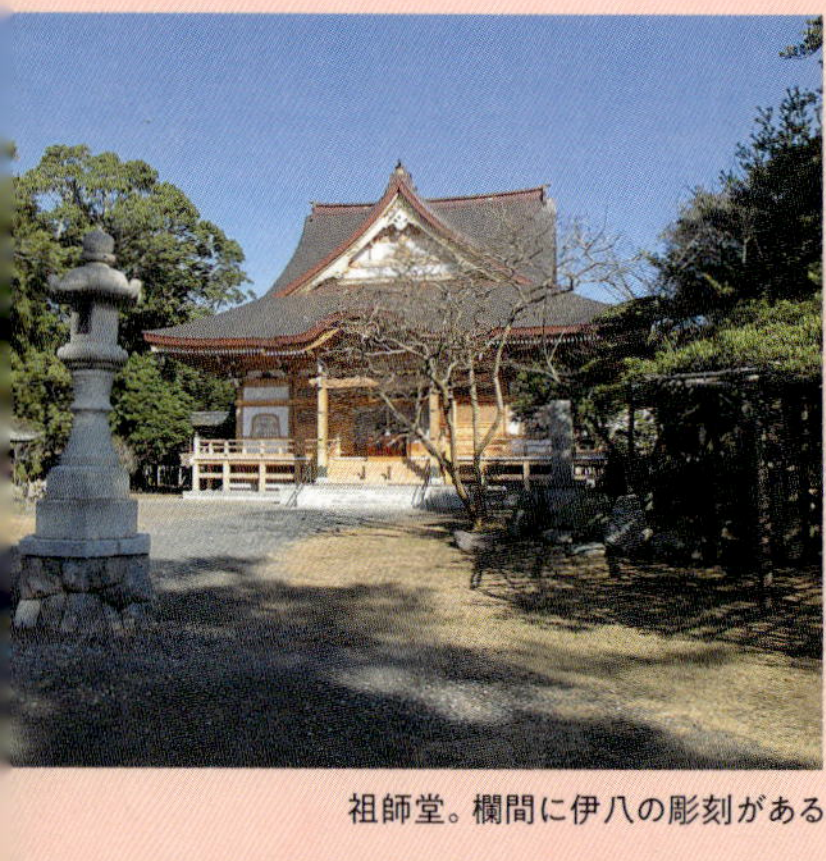

祖師堂。欄間に伊八の彫刻がある

① 鴨川市郷土資料館

資料館前には水田三喜男氏の像も

なる。市の有形文化財。

大正時代、彫刻家・高村光雲がこの大日堂を訪れ、伊八の彫刻を目にし関東では稀な秀雅さだと評したという。

4 伊八《いはち》の屋敷跡《やしきあと》

●鴨川市打墨709

波の伊八こと初代・武志伊八郎信由は宝暦2年（1752）、現在の鴨川市打墨の代々名主を務める家に生まれた。幼いころから手先が器用だった信由は左甚五郎の流れを汲むといわれる彫刻師・嶋村丈右衛門貞亮に弟子入りし、腕を磨いた。千倉町の後藤義光、本織の石田石翁とともに安房の三名工と呼ばれ、安房、上総をはじめ、江戸や相模など南関東を中心に50点以上の作品を残している。

この看板が目印

別名「波の伊八」のいわれは、多くの「波」の彫刻作品を残していることから。多くの関西の彫刻師に「関東に行ったら波を彫るな」と言わしめる。その躍動感と立体感あふれる作風は、同時代に活躍した葛飾北斎の「富嶽三十六景」のひとつ「神奈川沖裏波」などの画風に強い影響を与えたといわれている。初代・伊八は文政7年（1824）に73歳で没するまで意欲的に作品を彫り続けた。その作風は5代目・伊八まで200年にわたって続き、南房総を中心に寺社の欄間彫刻などに多くの作品を残した。

嶺岡丘陵と上総丘陵に囲まれたのどかな田園地帯に位置する伊八の生家・武志家の屋敷跡は、現在、一部が整地され、墓地となっている。

4 伊八の屋敷跡

旧居跡の碑が残る

3 金乗院

緑の中に建つ山門

千葉県内 古墳&貝塚MAP

龍角寺101号古墳

加曽利貝塚　北貝塚貝層断面

千葉県には古墳と貝塚が数多く残っている。古墳は12000基以上存在したといわれ、貝塚にいたっては500か所以上が確認されている。縄文人の生活がわかる貝塚、ヤマト王権が成立していた時代の文化を垣間見ることができる古墳をめぐって、古代の人々へ思いをはせてみよう。

房総の古墳のことを学べる 芝山古墳・はにわ博物館

芝山公園内にあり、「房総の古墳とはにわ」をテーマに古墳時代の生活や文化などを紹介。館内には、はにわなど県内の古墳からの出土品が展示され、復元された住居なども見ることができる。 11月に行われる「はにわ祭り」も紹介されている。

●山武郡芝山町芝山438-1／9時～16時30分／月曜（祝日の場合翌日）、祝日の翌日、年末年始休み／おとな200円

第1展示室に展示されているはにわ

はにわ祭りの「降臨の儀」と「巫女の舞」

子の神古墳群7号墳
子の神古墳群から出土した人物埴輪
龍角寺古墳群
浅間山古墳
金鈴塚古墳調査時の石室内
金鈴塚古墳から出土した「金鈴」
我孫子
柏
水神山古墳
子の神古墳群
➡P.019
龍角寺古墳群
➡P.033〜035
松戸
堀之内貝塚
➡P.045
国府台古墳群
➡P.045
新鎌ヶ谷
成田湯川
公津原古墳群
成田空港
芝山千代田
北習志野
京成佐倉
勝田台
西船橋
佐倉
芝山古墳・はにわ博物館
芝山古墳群
山室姫塚古墳
大堤権現塚古墳
飛ノ台貝塚
➡P.059
都賀
千城台
加曽利貝塚
➡P.070
千葉
成東
蘇我
大覚寺山古墳
ちはら台
大網
五井
菊間古墳群
➡P.074
姉崎古墳群
神門古墳群
➡P.075
長柄横穴群
木更津
金鈴塚古墳
➡P.079
油殿古墳群
能満寺古墳
青堀
内裏塚古墳群
弁天山古墳
久留里
大多喜
上総中野
大原
上総亀山

STAFF

●企画・制作／千葉歴史散策の会
●本文デザイン・DTP ／小谷田一美
●地図製作／たにっち工房・みどりみず
●撮影／みどりみず

【写真提供】
(公社)千葉県観光物産協会
(P10-12,14,15,24,27,29,33,35,39,56,59,60,62-64,66,69,70,77,82,84,
86-88,94,96,98,102-106,109,110,116,119,120,121,125,126)、
松戸市役所(P10本文,②)、我孫子インフォメーションセンター (P16-19)、
我孫子市教育委員会(P19⑦下,127)、市川市(P43本文)、
市川市教育委員会(P44⑧,P45Ⓐ下,P52③)、
市川市東山魁夷記念館(P48②,P49コラム)、
船橋市教育委員会(P58①②,P59⑥右下)、千葉市教育委員会(P65⑦Ⓐ,71Ⓑ)、
市原市教育委員会(P74②上,P75②)、木更津市観光協会(P78,81⑤)、
木更津市郷土博物館金のすず(P80本文,①-P81③,P127)、
富津市(P87本文,⑤⑥)、鋸南町(P89-91)、大房岬自然公園(P95本文,④)、
館山市(P97,98本文,99本文,④)、銚子市(P105本文)、
四天尊勝覚寺(P109本文)、大多喜町観光協会(P112①②,P113③,P114⑤⑥)、
金乗院(P123本文,P125③)、 鴨川市郷土資料館(P124①)、
芝山町立・芝山古墳はにわ博物館(P126)

【参考文献】
『千葉県の歴史散歩』(千葉県高等学校教育研究会歴史部会編／山川出版社)
『あなたの知らない千葉県の歴史』(山本博文監修／洋泉社)
『もっと知りたい千葉県の歴史』(小和田哲男監修／洋泉社)
『千葉 地名の由来を歩く』(谷川彰英／ KKベストセラーズ)
『千葉県謎解き散歩①②』(森田保編著／新人物往来社)

千葉　ぶらり歴史探訪ルートガイド

2019年4月25日　第1版・第1刷発行

著　者　千葉歴史散策の会（ちばれきしさんさくのかい）
発行者　メイツ出版株式会社
代表者　三渡 治
〒102-0093 東京都千代田区平河町一丁目1-8
TEL：03-5276-3050（編集・営業）
03-5276-3052（注文専用）
FAX：03-5276-3105
印　刷　三松堂株式会社

ご意見・ご感想はホームページから承っております
メイツ出版ホームページアドレス http://www.mates-publishing.co.jp/

編集長：折居かおる　副編集長：堀明研斗　企画担当：清岡香奈